L'ART DE RESTER CÉLIBATAIRE

Données de catalogage avant publication (Canada)

Zelinski, Ernie J. (Ernie John), 1949 –

L'art de rester célibataire... ou de le redevenir

Traduction de : The joy of not being married.

ISBN 2-7604-0827-2

1. Personnes seules. 2. Célibat. 3. Célibataires. I. Titre.

HQ800.Z4514 2002   305.9'0652   C2001-941899-X

Illustrations : Vern Busby
© 1995, by Ernie Zelinski, Visions International Publishing
© Les Éditions internationales Alain Stanké, 2002
Dépôt légal : Bibliothèque nationale du Québec, 2002
ISBN 2-7604-0827-2

Le Conseil des Arts
du Canada
depuis 1957

The Canada Council
for the arts
since 1957

Les Éditions internationales Alain Stanké remercient le Conseil des Arts du Canada et la Société de développement des entreprises culturelles (SODEC) de l'aide apportée à leur programme de publication.

Nous reconnaissons l'aide financière du gouvernement du Canada par l'entremise du Programme d'aide au développement de l'industrie de l'édition (PADIÉ) pour nos activités d'édition.

Les Éditions internationales Alain Stanké
615, boul. René-Lévesque Ouest, bureau 1100
Montréal H3B 1P5
Tél. : (514) 396-5151
Télécopie : (514) 396-0440
editions@stanke.com
www.stanke.com

Stanké International
25, rue du Louvre
75001 Paris
Tél. : 01.40.26.33.60
Téléc. : 01.40.26.33.60

IMPRIMÉ AU QUÉBEC (CANADA)

Diffusion au Canada : Québec-Livres
Diffusion hors Canada : Inter Forum

Ernie Zelinski

L'ART DE RESTER CÉLIBATAIRE

... ou de le redevenir !

Traduit de l'anglais par Jean-Louis Morgan

*À tous les célibataires équilibrés
et créatifs de ce monde
qui pensent à l'être unique
qu'ils n'ont pas encore rencontré,
et qui se refusent à accepter
un terne compromis.*

Table des Matières

MISE EN GARDE

Le présent ouvrage vise à informer, éduquer, remettre en question un certain nombre de choses et amuser le lecteur, et n'a aucunement la prétention de se substituer à quelque service professionnel que ce soit.

Il est entendu que ce livre est vendu sous toutes réserves que l'auteur, pas plus que l'éditeur, n'aient la prétention de conseiller qui que ce soit dans les domaines juridique, psychologique, médical ou autre. Si le besoin s'en faisait sentir, je ne pourrais qu'exhorter le lecteur à faire appel aux services de professionnels qualifiés.

Toute décision prise par le lecteur après consultation de ce livre n'engage que sa propre responsabilité et en aucun cas celle de l'auteur ou de l'éditeur.

Préface

Si vous êtes célibataire et que vous recherchez ce petit « quelque chose de plus » susceptible d'agrémenter votre existence, ce livre est fait pour vous. Mon objectif consiste à prouver aux célibataires qu'il existe maintes occasions de jouir de la vie sans avoir à maintenir une relation permanente avec quelqu'un. Peu importe votre âge, votre sexe, votre situation ou votre histoire maritale, vous pouvez fort bien choisir le célibat et le transformer en une expérience enrichissante. De nos jours, celui-ci vous offre un joyeux mélange d'options, d'identités et de styles de vie. Dans un monde conçu pour la vie de couple, il n'est pas toujours facile d'être célibataire. La société regarde les célibataires d'un œil soupçonneux – surtout s'ils semblent heureux de l'être. Pourtant, ce statut offre plus d'occasions de bonheur que l'on ne croit. Cet ouvrage vise à vous faire vivre au maximum. Si vous êtes célibataire, c'est le moment d'être tout ce que vous désirez.

Que ce soit par choix ou par hasard, plus de gens que jamais choisissent de demeurer célibataires. Pour les Nord-Américains, le mariage n'est plus aussi important qu'avant et, que ce soit par leur nombre ou pour la portion de la population qu'ils représentent, notre continent compte aujourd'hui plus de célibataires que jamais. De plus en plus de gens demeurent célibataires la plus grande partie de leur vie, et ce, pour cause de divorce, de mariage tardif ou simplement parce qu'ils ont choisi de demeurer indépendants.

> *Le mariage est comme une forteresse assiégée. Tous ceux qui se trouvent dehors veulent y entrer, tandis que ceux qui sont à l'intérieur veulent en sortir.*
>
> — Quitard

Dans une certaine mesure, la plupart d'entre nous ont été endoctrinés. On nous a imposé l'idée que nous méritons tous de faire *le* mariage idéal. Toutefois, la plupart d'entre nous trouvent que le mariage n'est pas conforme à la belle histoire que nous avons lue quelque part et que ce projet est difficile, voire impossible à concrétiser. Bien des célibataires se trouvent encore sous l'emprise de ce rêve, peu importe combien il peut sembler dénué de réalisme à certains moments. Bien des personnes se sentent flouées parce qu'elles n'ont pas réalisé le mariage de leurs rêves. Certains célibataires espèrent toujours un mariage de conte de fées, alors que d'autres ont abandonné tout espoir et se sont résignés.

L'objectif principal de ce livre n'est pas d'explorer les possibilités d'une éventuelle relation extraordinaire susceptible de déboucher sur un mariage de rêve, mais plutôt de vous aider à tirer le meilleur parti possible de votre célibat. Si vous aspirez à entretenir une relation intime à long terme, voilà un choix infiniment respectable. Toutefois, dans votre situation actuelle, vous aurez certainement de bien meilleures possibilités d'atteindre ce but en vivant heureux qu'en poursuivant votre rêve dans un état malheureux et désespéré. D'autre part, si vous avez envisagé toutes les possibilités de réaliser un mariage idéal mais que vous en êtes arrivé à la conclusion qu'il y a peu de chances que cela se produise, il faut d'abord, pour tirer quelque satisfaction dans votre existence, que votre vie de célibataire vaille la peine d'être vécue.

> *Les intellectuels ne devraient jamais se marier.*
> *D'abord, ils n'aiment pas ça et, d'autre part, ils ne devraient pas se reproduire.*
>
> — Don Herold

Certains lecteurs penseront peut-être que le titre même de ce livre sous-entend que je considère le mariage comme un état peu désirable. Loin de moi l'idée de critiquer bêtement cette institution millénaire. Le fondement même de cet ouvrage tend à prouver que le fait d'être célibataire ne devrait pas vous empêcher de vivre cette situation comme une expérience heureuse. Je dois tout de suite préciser que mes propos n'ont aucunement pour but de faire le jeu des constipés de la rectitude politique ou celui des intellos dans le vent. Dans mes livres, j'essaie de ne pas m'arrêter aux détails, aux statistiques indigestes ou au jargon universitaire – repoussoirs destinés à détourner les lecteurs les plus réalistes de ce qu'ils tiennent vraiment à lire.

Le propos de ce livre est d'améliorer vos chances d'atteindre ce que vous désirez dans la vie et de vous expliquer comment créer un meilleur sens de la communauté et célébrer la joie de vivre seul. J'ai découvert qu'il existe des traits communs permettant aux célibataires d'être heureux et de vivre leur vie au maximum. Le fil d'Ariane qui relie les célibataires qui ont réussi et qui sont susceptibles de nous inspirer est le suivant : ces derniers ont tous un objectif important dans la vie. Ils possèdent tous un fort esprit communautaire qui s'est élaboré grâce à un certain nombre de relations intimes et sérieuses. Même si ces relations ne sont pas aussi intimes que celles que l'on retrouve chez un couple marié, elles n'en sont pas moins importantes pour le soutien moral et pour la cordialité des rapports. Les célibataires qui inspirent les autres ont également une forte estime d'eux-mêmes. Conscientes de leur valeur, les personnes ayant réussi savent comment profiter de la vie lorsqu'elles sont seules.

En lisant les pages qui suivent, souvenez-vous qu'il n'existe pas de formule magique pour être un célibataire heureux. Certaines parties de ce livre ne s'appliquent peut-être pas à votre situation. À vous d'utiliser les passages qui vous intéressent et d'oublier les autres. Vous êtes responsable de ce qu'il convient d'appliquer à votre vie et ce que vous choisirez dépendra de vos intérêts, de vos objectifs et de l'orientation que vous voudrez bien donner à votre existence. Des modes de vie existent actuellement pour les célibataires qui, il n'y a pas si longtemps, auraient suscité l'opprobre des bien-pensants. De nos jours, peu importe votre âge, votre sexe ou votre état civil précédent, il y a toujours moyen de se créer un mode de vie heureux et profondément satisfaisant qui défiera toute explication que nombre de personnes célibataires ou mariées pourraient vous demander.

chapitre 1

Se vouer au célibat ?

Se marier, certes, mais sans nul bât.
Me consacrer au célibat.

— *Richard Crawshaw*
poète du XVIIᵉ siècle

La manière la plus simple de vivre heureux et célibataire

J'ai écrit ce livre pour rendre hommage à la vie de célibataire en montrant les nombreux bonheurs et avantages qu'elle est susceptible d'offrir. Le fait d'être demeuré célibataire m'a permis de me faire une situation que j'adore et de tisser des liens d'amitié que je n'aurais jamais eu la possibilité de cultiver si j'avais été marié. Le célibat m'a également donné l'occasion de m'offrir le luxe de demeurer indépendant et libre afin de poursuivre nombre d'activités qu'il n'est pas donné aux gens mariés de pratiquer.

Je tiens à préciser que dans ce livre je ne me contente pas de ma seule expérience. Les célibataires connaissent de multiples façons de vivre heureux. La majorité des pages de cet ouvrage sont fondées sur l'écoute des aspirations et l'observation des expériences et des réalités vécues par d'autres célibataires. Nombre d'entre eux manifestent un enthousiasme, une énergie et une joie de vivre qui surprennent bien des personnes mariées. Pour eux, la vie représente davantage que le fait de meubler le temps en attendant que quelqu'un d'exceptionnel daigne faire son apparition.

*Je pense donc je suis...
célibataire!*

— Liz Winston

Les joyeux célibataires savent pertinemment que la vie n'est pas toujours de tout repos. Ils réalisent que pour obtenir

Avant de me marier, je ne savais pas ce qu'était le vrai bonheur. Maintenant, il est trop tard.

satisfaction, ils doivent poser certains actes difficiles. Si vous avez déjà lu mes livres précédents, vous savez ce que j'entends par l'expression « Le paradoxe de la vie facile », qui précise que si nous choisissons constamment la voie de la facilité et son apparent confort, la vie finit par se compliquer. Cette règle influe sur chaque aspect de la vie de célibataire, notamment notre travail, nos gains matériels, nos amitiés, nos amours, notre santé, nos loisirs et la satisfaction globale que nous retirons de tout cela. Pour plus de détails sur cette règle, il suffit de la consulter en annexe.

Un certain Ashley Brilliant a déjà dit : « J'ai abandonné la quête de la vérité. Tout ce que je cherche maintenant, c'est quelque fantaisie qui stimule mon imagination. » J'espère que vous ne faites pas la même chose, car il est essentiel que vous ne vous illusionniez point sur le célibat. La mauvaise nouvelle dont je puis vous faire part est que ce livre ne vous conduira pas en fanfare vers la Terre promise, à mi-chemin entre une sorte de Nirvana et de Shangri-La. Si, d'aventure vous vous imaginez que la vie de célibataire est une interminable fête, je regrette de devoir vous décevoir.

Cette mise en garde faite, voici les bonnes nouvelles. La première est que tous les célibataires – y compris vous-même – sont capables de créer leur propre paradis. Pour mener une vie heureuse et réussie, il vous faut utiliser le paradoxe de la vie facile et obéir aux grands principes de ce livre.

Les célibataires bien équilibrés savent que ce paradoxe s'applique à tous les secteurs de la vie dont nous tirons satis-faction. Ainsi, lorsque j'ai écrit ce livre au cours de l'été – ma philosophie de vie me pousse à éviter de travailler durant les mois qui ne comportent pas de « r » –, j'ai dû me faire violence pour affronter des situations difficiles et inconfortables. J'avais d'autres projets pour l'été, par exemple aller vivre à Vancouver. D'autre part, l'idée de ce livre a commencé comme une blague en répondant à mon ami Forrest, qui venait de me faire un commentaire provocateur et plein d'humour. Même lorsque j'ai touché un mot de cette idée à mes éditeurs canadien et américain, je n'avais pas vraiment l'intention d'y donner suite. Toutefois, après avoir fait face aux difficultés et aux efforts pour mener à bien ce défi et grâce à la satisfaction que j'en ai déjà tiré, je considère que ma vie est déjà plus facile.

Être un célibataire heureux dépend entièrement de la faculté que vous avez de tirer le meilleur parti de cette situation. Cette décision exigera des efforts et pourra se révéler parfois désagréable. Vous pouvez évidemment choisir la voie de la facilité, c'est-à-dire rester chez vous et tenir tout le monde responsable de ce qui arrive, mais cet état d'esprit ne peut que vous entraîner dans une impasse. La satisfaction à long terme ne peut s'obtenir qu'en entreprenant des activités qui vous obligent à vous dépasser et qui sont parfois difficiles. Il vous faudra en payer le prix en temps et en efforts. Si vous n'êtes pas tombé de la dernière pluie, vous savez déjà que rien d'important ne s'acquiert en deux coups de cuiller à pot et que pour obtenir quelque chose qui ajoutera à long terme à votre bonheur, vous devrez par ailleurs subir certains inconvénients, autrement dit, en payer le prix.

Vous êtes peut-être en train de penser comme cette dame qui, à l'occasion d'une de mes conférences, m'a déclaré : « Dites-moi, Ernie Zelinski, qui êtes-vous donc ? Une sorte de sadique ou quoi ? Tout ce que vous me proposez dans ce monde, c'est de souffrir… » Elle exagérait, bien sûr, car je n'ai jamais suggéré rien de tel. Souvenez-vous que je ne travaille jamais plus de quatre ou cinq heures par jour. De plus, j'évite autant que possible de travailler durant les mois sans « r ». Ce n'est pas ce que j'appelle précisément souffrir. Je jouis de l'existence, ce qui n'est pas rien. Dans de telles conditions, je suis prêt à me faire l'avocat de quelques inconvénients par-ci par-là, pour récolter à long terme de la satisfaction et une certaine joie de vivre.

> *Si l'on veut voir un arc-en-ciel, il faut subir les inconvénients des averses.*
> — Dolly Parton

Avez-vous déjà ressenti ce sentiment d'exaltation qui s'empare de vous après avoir réalisé quelque chose que tout le monde pensait impossible ? Par exemple, si vous avez cessé de fumer, je parie que vous n'avez pas trouvé cela facile. Pourtant, en vous attaquant à un problème difficile, voire pénible, vous avez tiré de grandes satisfactions des résultats que vous avez obtenus. C'est ce que j'appelle « le paradoxe de la vie facile en action ».

Vivre heureux et célibataire exige un engagement et de l'effort. Afin de créer ces petits paradis dans lesquels vous serez heureux et comblé, il est impératif de prendre votre vie en main. En décidant de lire le présent ouvrage, vous avez déjà fait un pas en ce sens. Dans un livre intitulé *Illusions*, Richard Bach écrivait : « Toutes les personnes, tous les événements de votre vie font partie de celle-ci, parce que vous êtes à la source de leur existence. » Disons que, dans une certaine mesure, vous vous êtes mobilisé et avez mobilisé vos pouvoirs psychiques pour me motiver à écrire cet ouvrage à votre intention. En effet, chers lecteurs, si vous n'existiez pas, durant l'été où j'ai planché sur ce livre, j'aurais pu faire du vélo dans Stanley Park, ou bien prendre des repas bien arrosés au resto English Bay ou bien encore des cappuccinos chez Bread Garden ou Starbucks[1] en attendant que mon âme sœur se présente. Toutefois, j'espère que vous me permettrez au moins de prendre des vacances pendant deux étés de suite afin de me livrer à ces relaxantes occupations ainsi qu'à d'autres activités – du moins jusqu'à ce que vous utilisiez vos pouvoirs psychiques pour m'inciter à vous écrire un autre livre.

Les avantages du célibat : savoir où se trouvent les ciseaux...

Ceux qui ont volontairement embrassé la vie de célibataire apprécient leur statut social. Ils réalisent en effet que le mariage n'est pas une condition *sine qua non* du bonheur. Le célibat donne aux individus insouciants la possibilité de mieux garder le contact avec eux-mêmes. Ils ont peut-être été mariés à une certaine époque, mais maintenant, ils le sont à une réalité que l'on appelle « le célibat ».

On se demandera pourquoi ceux qui choisissent d'être célibataires font ce choix au lieu de se marier. C'est sans doute parce qu'il doit bien y avoir certains avantages à demeurer ainsi. Un jour, j'ai demandé à mon ami Dan s'il avait récemment rencontré une femme à qui il aimerait éventuellement donner rendez-vous et proposer le mariage. Après l'échec de ses deux unions précédentes, il m'a répondu : « Je ne suis pas vraiment intéressé pour le moment. Ce que j'apprécie

---

1. Endroits et établissements sympathiques de Vancouver.

vraiment en demeurant célibataire, c'est qu'au moins je sais toujours où se trouvent les ciseaux ! »

Savoir où se trouvent les ciseaux peut évidemment être une sacrée bonne raison de demeurer célibataire. Que demande le peuple, après tout ? Évidemment, il existe bien d'autres avantages à être célibataire dans la société nord-américaine, comme dans les autres pays industrialisés. Sous forme de panneaux intitulés « Les avantages du célibat », je souligne certains de ces bénéfices tout au long de ce livre. On peut en voir un exemple ci-contre. Mon objectif est de vous souligner toutes les occasions de profiter de la vie en solo.

LES AVANTAGES DU CÉLIBAT

✓ Moins de maux de tête, car votre vie se trouve simplifiée.

✓ Plus de variété dans votre vie.

Si vous êtes célibataire, vous n'êtes pas seul

Un célibataire au beau milieu d'une foule de gens mariés peut tomber facilement dans le panneau en s'imaginant que tous les membres de ces couples distingués ont épousé une personne vraiment extraordinaire.

Mon petit ami et moi avons décidé de rompre : il voulait se marier et moi j'étais opposée à cette union…
— Rita Rudner

Si vous êtes célibataire et que la solitude vous pèse, réfléchissez bien. Les Nord-Américains célibataires sont plus nombreux que jamais et leur population ne cesse d'augmenter. Il existe même une « culture » du célibat. En effet, les célibataires ne soulèvent plus l'opprobre et ne sont pas stigmatisés comme ils l'étaient auparavant. Une personne peut être dans la quarantaine et célibataire sans avoir à se justifier à chaque fois qu'elle rencontre quelqu'un de nouveau. De nombreux célibataires vivent heureux. Ils sont instruits, en bonne santé, intelligents et réussissent brillamment dans leur carrière.

Sur la côte ouest de notre continent, dans des villes comme Seattle ou San Francisco, voler en solo est le comble du chic. Sur la Côte ouest, dans la circonscription électorale de Vancouver Centre, fief de l'ancien premier ministre Kim

Campbell, 65 pour cent des adultes sont célibataires, parmi lesquels 55 pour cent vivent seuls. En vérité, il y a des gens qui ont vécu un mariage heureux jusqu'à ce qu'ils décident de tout laisser tomber pour rouler exclusivement pour eux. Ce choix peut sembler ridicule pour certains, mais ces personnes disaient être heureuses d'avoir opté pour ce mode de vie.

En effet, pourquoi choisir le célibat lorsqu'un mariage ayant toutes les chances de succès existe déjà ? C'est que la vie de célibataire offre des avantages à ces retraités du mariage tout comme elle en offre à ceux qui ne se sont jamais mariés. Nombreux sont les célibataires heureux qui n'écartent pas la possibilité d'avoir à l'avenir une relation plus étroite avec un partenaire, mais qui sont heureux de voler en solo pour le moment. La liberté et la souplesse que leur apporte le célibat leur assurent un mode de vie leur offrant davantage de variété que le mariage. Regardons un peu pourquoi le nombre de célibataires ne cesse d'augmenter en Amérique du Nord.

> *Le mariage est une chose ridicule.*
>
> — Goldie Hawn

Nombreux sont les célibataires qui hésitent à s'engager dans une relation, au risque de rater les nombreuses activités qui se rattachent au célibat. Une relation exige du temps, de l'énergie et de l'argent. Le temps est précieux, l'énergie, limitée, et il est difficile d'avoir suffisamment d'argent. Avec la souplesse dont ils disposent, les célibataires peuvent se fixer des rendez-vous et étendre leur réseau social. Ils peuvent aussi s'offrir une foule de loisirs, comme adhérer à un club de gymnastique ou se payer des croisières en solo. Ils peuvent poursuivre plus facilement leur carrière ou profiter des occasions de voyage parce que leur temps, leur énergie et leur argent ne sont pas mobilisés par une relation.

> *Il est curieux de constater que lorsqu'un homme n'a aucune raison de s'en faire, il s'empresse d'aller se marier.*
>
> — Robert Frost

Pour les célibataires heureux, le fait de ne pas être liés représente la situation idéale – du moins temporairement, car rien ne dit que la situation ne changera pas par la suite. Ces derniers ne sont pas célibataires parce qu'ils n'ont pas trouvé de conjoint. Les spécialistes en relations sociales n'hésitent pas à affirmer que, contrairement à nombre de leurs semblables – seuls ou mariés – les célibataires heureux qui ont sciemment choisi de l'être sont très conscients de leur valeur et peuvent être aussi heureux en entretenant une relation qu'en demeurant libres.

Certaines personnes libres de tout lien sont des célibataires professionnels ayant une ribambelle d'amis et une foule d'expériences sentimentales avec des membres du sexe opposé. Ils n'ont aucune intention de modifier leur situation pour se retrouver dans une relation qui

> *Ne vous mariez jamais pendant que vous êtes à l'université.*
> *Il vous sera difficile de trouver un emploi lorsque votre employeur éventuel découvrira qu'au départ vous avez déjà commis une erreur...*
>
> – Kin Hubbard

ressemblerait à un mariage. La liberté, l'indépendance et la variété constituent des aspects indubitablement positifs de la vie de célibataire. Mais tous ceux et celles qui ont fait volontairement ce choix ne sont pas forcément motivés par ses aspects, irrésistibles en apparence. En effet, certains célibataires sont terrifiés par les relations à long terme. Deux types de phobies peuvent perturber leurs tentatives fructueuses d'établir des relations : la première est ce que j'appelle « l'amorphobie », c'est-à-dire la peur pouvant résulter de l'intimité qui ne manque pas de se manifester dans toute relation. Réussir une histoire sentimentale épouvante certains célibataires par peur d'avoir à se révéler à l'autre. La seconde phobie est la gamophobie – ou peur du mariage – : une crainte maladive de devoir s'engager et de se trouver obligé de se plier à tous les compromis qu'une union peut exiger. Si les gamophobes parvenaient à rencontrer l'homme ou la femme de leur vie, ils n'en seraient pas moins terrifiés à l'idée de se marier. Ils craignent de devenir dépendants de quelqu'un ou d'avoir quelqu'un qui dépend d'eux. En constatant que tant de mariages se soldent par des divorces, ils craignent également de se retrouver abandonnés par leur partenaire, ou encore entretiennent la crainte d'avoir à le laisser tomber.

D'autres célibataires par choix ne sont pas nécessairement aussi heureux qu'ils le souhaiteraient, mais s'estiment tout de même relativement satisfaits. Ainsi, mon ami Bob est persuadé qu'il ne voudra jamais se marier. Il m'a confié qu'il préfère vivre seul à cause des tracas qui ne manquent pas de survenir lorsqu'on vit avec quelqu'un. Il est convaincu de

> *Le mariage est une institution extraordinaire, mais je ne suis personnellement pas prête à vivre dans une institution.*
>
> – May West

ne plus pouvoir vivre avec quelqu'un et a décidé de demeurer seul le reste de son existence. Ce n'est pas parce que Bob n'aime pas les femmes. En fait, il les adore. Cependant, il n'est pas prêt à accepter les inconvénients qu'il y a à vivre avec quelqu'un.

Les divorces et les séparations, qui sont beaucoup plus fréquents qu'ils ne l'étaient au temps de nos grands-mères, ont accru le nombre des célibataires. En 1993, quelque 2 300 000 couples se sont mariés aux États-Unis, tandis que 1 600 000 autres décidaient officiellement que leur mariage n'était plus viable. Au Canada, quatre mariages sur dix se terminent par un divorce.

Le nombre de célibataires a également augmenté à cause des changements qui se sont produits sur le marché du travail. Les sociologues font remarquer qu'avec plus de femmes dans des postes grassement rémunérés, le mariage n'est plus nécessaire à leur survie comme il l'était autrefois. Bon nombre d'entre elles refusent de se marier à moins qu'elles ne puissent épouser un « bon parti », c'est-à-dire un monsieur dont la situation est nettement supérieure à la leur. Cette contrainte qu'elles s'imposent réduit sensiblement leurs chances de se marier.

Les sociologues attribuent l'existence d'un grand nombre de célibataires à une variété de raisons. Les statistiques indiquent qu'en Amérique du Nord les célibataires représentent une minorité importante. Par choix ou pour une foule de raisons indépendantes de leur volonté, plus de gens que jamais demeurent célibataires. Parmi eux, on trouve des divorcés, des personnes séparées, veuves ou n'ayant jamais entretenu de liens durables. Selon une étude récente, 25 millions de personnes vivent seules et sans attaches en Amérique du Nord. De tels chiffres démontrent que vous n'êtes pas un phénomène unique.

En vérité, que désirez-vous ?

Les célibataires volontaires et véritablement heureux ont confiance en eux et savent ce qui leur importe vraiment. Ils ne tiennent pas à connaître les complications d'un mariage pour le moment. Ils préfèrent donc choisir la simplicité du célibat. Il s'agit là d'une situation qui leur convient. À ce stade-ci, ils ne veulent pas vivre la situation radicalement différente qu'un mariage ne manquerait pas de créer. Comme le dit le poète, ils se trouvent « mariés au célibat ».

Dans la vie, il n'existe pas de substitut au bonheur. Savoir ce que nous voulons faire de notre vie représente déjà une grande partie de la lutte que nous menons pour être heureux. Le problème est qu'un grand nombre de célibataires ont omis de faire le point afin de déterminer exactement ce qu'ils désiraient. Les célibataires heureux et entreprenants savent tout ce qu'ils veulent savoir et surtout, comment s'y prendre pour obtenir ce qu'ils recherchent.

> *Ma femme et moi avons vécu heureux pendant vingt ans. Puis, nous nous sommes rencontrés…*
>
> – Rodney Dangerfield

Le premier pas à franchir pour mener une vie qui réponde à vos aspirations est de déterminer exactement ce que vous voulez faire dans la vie. Que voulez-vous, en vérité ? Bien sûr, bien sûr, vous aimeriez avoir une meilleure apparence, être bien dans votre peau, travailler moins, gagner de l'argent à la tonne, avoir davantage de loisirs et devenir quelqu'un de plus important. À bien y penser, qui ne souhaite pas de telles choses ? Tous les êtres humains veulent un maximum de confort pour un minimum d'efforts. Le problème est que ces choses ne vous apporteront guère de satisfactions ou de bonheur si vous ne consentez pas à des efforts pour les créer. Si tout était facile dans la vie, vous seriez incapable d'apprécier quoi que ce soit.

Vous devez donc faire face à quelques questions très simples, mais auxquelles il n'est pas facile de répondre. Qu'attendez-vous au juste de la vie ? Êtes-vous prêt à investir les efforts que vos vœux exigent ? Comment comptez-vous obtenir ce que vous voulez ? Voilà pourquoi il est essentiel que vous notiez vos desiderata, surtout ceux qui sont les plus importants pour vous. Par exemple, un emploi satisfaisant, un logement confortable, des relations chaleureuses. Maintenant, que désirez-vous vraiment qui sorte de l'ordinaire et fasse quelque différence en ce monde ? Cette démarche exigera de vous certains efforts et vous fera courir des risques. Pour obtenir ce que vous voulez, il faudra que vous sortiez de votre confortable cocon. Vous devrez aussi faire preuve de motivation et de courage.

Établir une relation en vue de vous marier peut représenter l'un de vos souhaits. Fort bien, mais il faut que vous fassiez quelque chose. Le chapitre IX, intitulé *Tuyaux pour ceux et celles qui seraient tentés par un grand projet romantique*, vous aidera. Toutefois, ma mise en garde est la suivante : vous ne devriez pas faire de cette quête un objectif qui risque de supplanter et d'exclure tous les autres projets que vous avez dans la vie. De nombreux célibataires ont l'impression qu'ils doivent laisser leur vie en suspens jusqu'à ce que l'homme ou la femme de leurs rêves se pointe à l'horizon. Ils pensent qu'ils ne pourront tirer des plans sur l'avenir qu'après avoir trouvé le partenaire idéal avec lequel ils vivront heureux jusqu'à la fin des temps.

> *Si vous tenez à sacrifier l'admiration de plusieurs hommes pour les critiques d'un seul d'entre eux, ne vous gênez pas : mariez-vous.*
>
> – Katharine Hepburn

Il est important que vous ne placiez pas votre vie en attente jusqu'à ce que vous trouviez quelqu'un avec qui entretenir une relation. Il faut que vous avanciez en vous fondant sur des objectifs à long terme et en sachant que vous ne trouverez pas cette âme sœur dans l'immédiat. Vous placer en *stand-by* dans l'espoir que cette relation rêvée fera miraculeusement son apparition risque de mettre sur « pause » un tas d'activités et d'occupations importantes. En limitant votre bonheur et votre satisfaction, vous ne vous rendez pas justice. Être célibataire vous donne une excellente occasion d'exercer votre liberté d'esprit et de poursuivre des objectifs valables et satisfaisants.

Embrassez-moi. Je me transformerai en prince charmant, vous épouserai et vous donnerai tout ce à quoi vous pouvez vous attendre en vous mariant.

Je préfère demeurer célibataire et avoir comme animal de compagnie une grenouille qui parle !

Si un jour vous rencontrez le partenaire idéal, vous devrez demeurer sur le qui-vive pour réviser vos objectifs. Il est toutefois important que vous soyez conditionné à vivre en célibataire le reste de votre vie. Tenir pour acquis que le partenaire idéal va se présenter et négliger vos ambitions personnelles risque d'avoir un impact négatif sur votre bonheur. Il faut que vous allégiez la contrainte qui vous pousse à tout prix à trouver une compagne ou un compagnon de vie. Si vous n'êtes pas heureux dans votre existence de célibataire, vous avez peu de chances de réussir à réussir une relation digne de ce nom.

Des objectifs ambigus ne vous donneront que des résultats ambigus. Si vous faites preuve d'hésitation dans ce que vous visez et dans ce que vous entreprenez, votre vie risque d'être terne et décourageante. Vous devriez savoir déterminer vos priorités et savoir quoi faire lorsque vous les aurez réalisées. Vous devriez vous fixer des objectifs à atteindre dans un an, cinq ans, dix ans. Vous aurez ainsi autre chose à faire que demeurer dans l'expectative d'une éventuelle relation. Cela peut sembler difficile, mais c'est réalisable. Personne ne pourra décider pour vous. En vous fixant de tels buts, vos aspirations, vos rêves s'en trouveront clarifiés. Une fois cette étape franchie, vos projets se trouveront subordonnés à ce que vous tenez à réaliser dans la vie à titre de célibataire heureux, et non soumis à ce que vous feriez éventuellement avec une autre personne si, d'aventure, vous la rencontriez.

Certaines personnes regrettent de s'être mariées et certains célibataires, de ne pas l'être. Je crois que les célibataires bien équilibrés ne devraient pas gaspiller leur énergie à regretter quoi que ce soit. Que vous soyez volontairement ou involontairement célibataire, le bonheur est un choix. Puisque vous êtes célibataire, pourquoi ne tireriez-vous pas le maximum de cette condition ?

LES AVANTAGES DU CÉLIBAT

✓ La dernière petite bière froide est toujours pour vous.

✓ Vous ne risquez pas d'irriter votre partenaire en réparant la chambre à air de votre vélo dans la baignoire.

Vivre un célibat heureux dépend grandement de vos réalisations dans le domaine des loisirs, de votre sens communautaire, de la manière dont vous appréciez votre solitude et de la façon dont vous concevez votre mission personnelle. Pour être heureux, il faut passer en revue ce que vous désirez changer dans votre vie. Si vous voulez maigrir, devenir un meilleur joueur de tennis, avoir davantage d'argent, être moins surchargé de travail, il faut que vous exerciez des efforts dans ce sens. Commencez par agir dans ces domaines et vous n'en serez que plus heureux.

En poursuivant votre lecture, vous trouverez peut-être que les chapitres II et III ébranlent quelque peu certaines de vos convictions selon lesquelles le fait d'être marié augmente substantiellement le bonheur et l'estime de soi. Si vous parvenez à vous arranger avec ces deux chapitres, en investissant un minimum de motivation et d'effort, vous deviendrez un célibataire équilibré et dynamique.

La plupart des avantages du célibat résident dans le fait d'être indépendant et de ne pas être dérangé. Être seul signifie une certaine liberté – celle de dormir tard, de regarder un feuilleton débile ou de flirter avec ce charmant spécimen du sexe opposé au café du coin. Être seul peut signifier aussi que vous avez le temps d'écrire un livre, d'aller faire 20 kilomètres à bicyclette ou de bavarder pendant deux heures avec un ami sans avoir de comptes à rendre à un conjoint ou à une conjointe. Vous disposez de plus de temps pour décider ce que vous voulez vraiment. Si vous savez ce que vous cherchez, vous le trouverez plus facilement lorsque l'occasion se présentera. Tirer le maximum de votre célibat veut dire profiter davantage de la liberté de vous donner un mode de vie audacieux, excitant et gratifiant pour vous.

---
chapitre 2

Le célibat et la découverte du vrai moi

Les célibataires doivent choisir entre la prison et le paradis

Savoir pourquoi tant de gens choisissent de blâmer tout le monde au lieu de prendre leur vie en main demeurera pour moi l'un des grands mystères de la vie. En effet, les célibataires peuvent choisir entre la prison et le paradis. Étant donné que vous avez décidé de lire ce livre, je tiens pour acquis que si vous n'avez pas encore accédé au bonheur de ceux qui ont choisi de vivre seuls, vous n'en êtes pas très loin.

Néanmoins, j'aimerais vous toucher un mot des dangers d'une certaine mentalité dite « de victime ». Dans un éditorial du *Globe & Mail*[2], on affirmait récemment que les années 1990 avaient été une décennie de victimes. Étant donné que dans certains milieux, être victime peut se révéler le comble du bon goût « branché » et afin que vous ne tombiez pas dans le panneau, je dois prendre le temps de vous mettre en garde contre les conséquences

> *Si votre vie quotidienne vous semble pauvre, ne la blâmez pas ; blâmez-vous vous-même en vous disant que vous n'êtes pas suffisamment poète pour en mettre en valeur toutes les richesses.*
>
> – Rainer Maria Rilke

appréhendées d'un tel état d'esprit. Oui, de nombreux célibataires se considèrent comme des victimes lorsqu'en fait rien n'est plus inexact. Ces personnes se sont volontairement placées dans des prisons de célibataires. Elles considèrent que leur vie est une fumisterie parce qu'elles ne sont pas

---

2. L'un des plus influents quotidiens canadiens, publié à Toronto.

mariées ou qu'elles n'entretiennent pas de relations suivies avec des personnes du sexe opposé. Ces célibataires blâment la société, leurs parents, la situation économique du pays et la terre entière pour leurs infortunes et leur solitude[3].

Il y a environ dix ans, je reconduisais en voiture l'un des membres de mon club de tennis, un homme de 55 ans. Tout en discutant, je mentionnai à brûle-pourpoint que lorsque j'étais adolescent, j'avais l'habitude de blâmer mes parents pour un tas de choses mais que, depuis lors, j'avais réalisé qu'ils avaient fait ce qu'ils pensaient être le mieux avec les connaissances et les moyens qu'ils possédaient. J'ajoutai que je connaissais des adultes de plus de 30 ans qui blâmaient leurs parents pour la plupart de leurs problèmes. Quelle ne fut pas ma surprise d'entendre cet homme me dire que lui-même blâmait ses parents pour toutes sortes d'avatars qu'il avait subis dans sa vie, y compris ses relations maritales qui avaient mal tourné. Je me suis alors dit qu'il était pour le moins étrange qu'un homme de 55 ans, dont les parents étaient morts depuis longtemps – et qui était lui-même père – puisse en être encore là.

> *La seule prison de laquelle il importe que nous nous évadions est la prison de notre propre esprit.*
>
> – Un sage anonyme

Je fus encore plus surpris de constater que depuis ce temps, c'est-à-dire dans les années 1990, le dénigrement systématique des parents soit devenu acceptable. C'est même devenu un passe-temps à la mode pour nombre d'adultes, surtout si l'on regarde la popularité de ce genre de critiques pisse-vinaigre au cours des émissions de télévision et dans les publications de psychologie vendues dans les supermarchés. Les dénigreurs de parents s'arrogent eux-mêmes le titre d'«enfants adultes » – une expression qui me laisse pour le moins perplexe.

Ces enfants adultes imputent volontiers l'existence des problèmes qui les affligent – l'alcoolisme, la toxicomanie, le divorce, les difficultés relationnelles, etc. – à leurs malheureux parents. Il y a là quelque chose qui cloche. Le problème avec ces « enfants adultes » réside dans leur refus de se montrer responsables de leurs propres actions. Ils souffrent d'une mentalité de victimes et essaient de fuir leurs responsabilités

---

3. Le phénomène est bien connu, tout comme la « victimologie » ou étude psychosociale des victimes de crimes et délits. Les psychologues étudient le comportement de ces dernières et le rôle que ce phénomène peut inconsciemment jouer dans le fait d'être agressé. (N. d. T.)

dès qu'ils doivent faire face à de dures réalités, particulièrement à des réalités déplaisantes.

Pour vous montrer l'absurdité de la situation de ces « enfants adultes » qui chargent leurs parents de tous les péchés d'Israël, revenons à ce séminaire auquel je participais voilà quelques années. Pendant cette réunion, l'un des 257 participants fut pris à parti par l'animateur du séminaire lorsqu'il se mit à déblatérer lourdement contre ses parents, leur imputant de nombreux

> *Lorsque vous prenez votre vie en main,*
> *quelque chose d'affreux peut arriver :*
> *vous n'avez plus personne*
> *à qui faire porter le chapeau !*
>
> – Erica Jong

problèmes personnels. Selon ses dires, ces derniers étaient « loin d'être parfaits ». Pour faire comprendre à cette personne qu'elle se trompait en se pensant désavantagée à cause de sa famille, l'animateur demanda aux 256 autres participants de lever la main s'ils estimaient avoir eu des parents excellents, voire irréprochables. À la plus grande surprise du dénigreur de parents, pas une seule main ne se leva. Comme le fit remarquer l'animateur, les 257 personnes présentes provenaient d'une grande variété de milieux et avaient bénéficié des formations les plus diverses. Eh bien, pas une seule personne n'estimait avoir eu des parents parfaits ou quasi parfaits.

Michele Wiener-Davis, une thérapeute professionnelle bien connue, fait preuve d'une grande intégrité dans un excellent livre[4], où elle expose les dangers qu'il y a à afficher une mentalité de victime. Elle explique notamment pourquoi la thérapie ne fonctionne pas chez ces gens lorsqu'ils consultent des psychiatres. Trop de personnes affligées d'une mentalité de victime passent d'interminables heures à exposer leurs problèmes en compagnie de thérapeutes grassement rémunérés que les histoires de leurs clients emmerdent souverainement et qui passent le plus clair du temps où ils font semblant de vous

LES AVANTAGES DU CÉLIBAT

✓ La vie est plus excitante.

✓ Personne ne se sert de vos effets personnels.

✓ Vous avez plus d'espace pour vos affaires dans la penderie.

---

4. *Fire Your Shrink*, que l'on pourrait traduire librement par *Saquez votre réducteur de têtes* (votre psychiatre). Aux dernières nouvelles, cet ouvrage n'a pas été traduit en français.

écouter à décider de l'importance de la cylindrée ou des options de leur nouvelle Mercedes ou de leur BMW. Comme l'a découvert Michele Werner-Davis, les gens à la mentalité de victime passent des mois, sinon des années à imputer leurs ennuis à tout le monde et ne se prennent jamais en main pour résoudre leurs problèmes. Voilà pourquoi il ne faut pas s'étonner que les thérapeutes trouvent commodément leur profit avec de tels clients, car ces derniers reviennent les voir avec régularité, le chéquier à la main, afin de les aider à payer leurs versements mensuels sur leur Mercedes ou leur « BM ».

Ce qui surprend le plus chez les gens qui ont une mentalité de victime, c'est la somme d'énergie qu'ils déploient pour fuir leurs responsabilités et se compliquer la vie. Pour eux, l'idée que chacun d'entre nous soit responsable de sa situation dans la vie est difficile à accepter. Voici certaines des pensées qui affectent les célibataires affligés d'une telle mentalité :

- ✓ Mon ex-mari (mon ex-femme) est responsable de tous mes malheurs.
- ✓ Les hommes et les femmes sont très différents de ce qu'ils devraient être.
- ✓ Si j'étais marié, je m'accepterais beaucoup mieux.
- ✓ On ne me changera jamais, je suis né comme ça.
- ✓ Mes parents – qui étaient loin d'être parfaits – sont responsables de l'incapacité que j'ai à mener une vie normale.
- ✓ Le gouvernement n'en fait pas assez pour les gens comme moi.
- ✓ Je ne devrais pas avoir à me sentir rejeté.
- ✓ Le monde devrait être différent.
- ✓ Je suis totalement désavantagé, car, contrairement à bien des gens, je ne suis pas attirant.
- ✓ Pourquoi n'est-on pas gentil avec moi alors que je suis aimable avec tout le monde ?

Les célibataires qui ont une mentalité de victimes entretiennent des croyances plutôt tordues. Ils essaient de rejeter la totalité du blâme sur les parents, les amis, les ex-conjoints, les étrangers, la société ou le gouvernement. Ils deviennent ainsi victimes d'un raisonnement faussé. On se demande bien comment ils réussiront à s'évader de leur prison pour atterrir dans leur petit paradis. Dans le livre précédemment évoqué, Mme Wiener-Davis cite le cas de patients qui, après avoir souffert d'une mentalité de victime, ont réorganisé leur vie sur d'autres bases. Ils affirment désormais : « Les gens qui vivent leur rêve sont ceux qui arrêtent de jauger tous les aspects possibles d'une question, de soupeser le pour et le contre d'une manière tatillonne,

> Si vous ne cherchez que des obstacles, les bonnes occasions vous passeront sous le nez.
>
> – J.C. Bell

et qui se contentent de foncer. Ils ont enfin réalisé qu'il était temps d'arrêter de parler à leurs parents, aux membres de leur famille, aux thérapeutes, et de commencer à vivre puisqu'il n'y a pas de changements sans action. »

Gagner au jeu du célibat exige de l'action et le sens de la réussite, car le don de vivre seul n'est pas donné à tout le monde. Tous les célibataires peuvent mener une vie très satisfaisante, à condition de se prendre en main et de ne plus se considérer comme des victimes. Au lieu de chercher à justifier pourquoi ils se comportent ainsi et de finir par se retrouver dans un ghetto de vieux garçons ou de vieilles filles, les célibataires gagnants cherchent des occasions de s'épanouir, profitent de la vie et finissent par vivre dans un éden à leur mesure.

Certaines croyances sont des maladies

Jean-Paul Sartre a abondamment philosophé sur l'absurde de la condition humaine. Pour ma part, je ne suis pas persuadé que toutes les existences sont forcément absurdes mais je crois, par contre, que certains comportements humains le sont. En septembre 1995, la journaliste Linda Barnard, du *Toronto Sun*, signalait que des femmes célibataires retenaient

> Le gâteau le plus dangereux que j'ai jamais mangé était un gâteau de mariage.
>
> – Un sage anonyme

les services d'une société portant le joli nom de « Fantasy International » pour leur organiser des simulacres de mariage. Ces cérémonies pour rire peuvent comprendre un forfait incluant le jeune marié de service ainsi que des figurants jouant les rôles des filles d'honneur, des bouquetières, du pasteur et même des invités, le tout avec photos d'usage, réception et plantureuses agapes. Par la suite, les organisateurs vous préparent un relevé de comptes en conséquence. L'une de ces jeunes mariées virtuelles avait dépensé plus de 6 000 $ pour ce type de mariage-comédie. La robe, les fleurs, le traiteur, les boissons et les cachets des comédiens et figurants étaient en sus. Alors que je commentais cet article avec mon amie Joyce, nous en conclûmes que dépenser 6 000 $, même pour un vrai mariage, était pour le moins ridicule.

La majorité des lecteurs du *Sun* en ont probablement déduit que des femmes qui se paient des mariages pour rire doivent avoir de sérieux problèmes. Dans ce même article, le Dr Irwin Wolkoff déclarait qu'il existait chez ces mariées virtuelles un fort potentiel de désastre émotionnel, tout spécialement pour celles qui ne comprenaient pas pleinement la portée d'un tel geste. Ce médecin estime que chez les femmes qui agissent en pleine connaissance de cause, ce mariage bidon équivaudrait, pour des hommes, à retenir les services d'une prostituée de luxe. Dans le chapitre III, j'explique ce phénomène dit de la « Reine d'un jour », et nous tenterons de voir pourquoi ces femmes tiennent tant à faire semblant de se marier.

> *Je n'ai jamais été mariée, mais je raconte aux gens que je suis divorcée. Ainsi, ils ne pensent pas qu'il y a chez moi quelque chose d'anormal.*
>
> – Elayne Boosler

Les sommes que ces très temporaires mariées sont prêtes à engloutir dans un simulacre de mariage montrent l'importance que certains groupes de notre société attachent aux cérémonies nuptiales et au mariage en général. Ces mariées imaginaires, qui tiennent si désespérément à vivre une cérémonie de mariage – réelle ou simulée –, se situent elles-mêmes dans un rôle sociétal. Elles doivent prendre conscience qu'il existe bien autre chose sur le plan individuel que le rôle que la société et leur famille tiennent tant à leur faire jouer, car être célibataire ne signifie pas qu'il faille se priver d'une vie agréable.

L'idée même d'être célibataire est à la fois plus stimulante et exaspérante que de vivre simplement son célibat. Richard Bach a déjà écrit : « Changeons notre manière de penser et le monde autour de nous changera. » Vous pouvez transformer votre qualité de vie en transformant le contexte dans lequel vous envisagez les circonstances qui vous affectent. Deux personnes peuvent se trouver dans une situation similaire et réagir différemment. Par exemple, si elles perdent leur emploi, l'une d'elles considérera cet événement comme la possibilité de faire autre chose alors que l'autre y verra comme une malédiction. Changer le contexte de toute situation dépend de la facilité que vous avez à défier le statu quo et à avoir des idées plus larges.

Être célibataire dans une société qui voudrait vous voir en couple signifie que votre statut risque d'être remis en question par vos amis, vos connaissances, vos collègues et votre famille. Ces braves gens risquent souvent de vous lanciner en vous demandant pourquoi vous n'êtes pas encore marié, quand vous comptez l'être, quand vous comptez avoir des enfants, etc. Cela m'est arrivé lorsque je travaillais pour un service public. J'ai passé près de six ans dans cette boîte et j'ai remarqué que les gens qui travaillaient pour de telles bureaucraties et suivaient la piste des moutons de Panurge dans tout ce qu'ils entreprenaient n'étaient pas reconnus pour avoir beaucoup d'idées nouvelles. Étant donné que dans cette entreprise la plupart des personnes de mon âge étaient mariées, il fallait souvent que je me justifie à leurs yeux en leur expliquant pourquoi je ne l'étais pas. À cette époque, je suis certain que si j'avais divorcé à deux reprises (une éventualité qui, aux yeux de certains, reflète une mentalité de perdant), on m'aurait trouvé plus normal que quelqu'un qui n'aurait jamais convolé en justes noces. Je me souviens pourtant de n'avoir éprouvé aucun problème. Je n'y avais alors jamais pensé, mais j'aurais dû demander à tous les gens mariés de se justifier en m'expliquant pourquoi ils n'étaient pas célibataires.

> *Le mariage est un marché mais, dans un marché, un des deux doit se faire avoir. »*
> — Helen Roland

> *Je suis toujours sidéré par les choses incroyables auxquelles les gens peuvent croire.*
> — Leo Rosten

Je dirais plutôt qu'il y a quelque chose qui cloche chez les personnes mariées qui suivent le troupeau en toute conformité et qui sont incapables d'accepter que quelqu'un soit différent d'elles. Elles doivent en vérité se sentir bougrement insécurisées pour s'imaginer que tout le monde devrait faire ce qu'elles font. Peut-être sont-elles lasses de leur vie de couple et n'apprécient-elles guère que les célibataires puissent être heureux et mener parfois des existences plus épanouies que les gens mariés.

Une personne en ménage qui mène une vie de famille ne réussit pas mieux qu'un célibataire sans enfants. La conviction fort répandue selon laquelle le mariage et la condition de parent sont des états supérieurs au célibat est sans fondement réel. Le monde serait plus serein si tous les individus, mariés comme célibataires, se débarrassaient de l'idée que se marier représente la bonne chose à faire et que demeurer sans attaches est quelque chose de suspect.

Certains célibataires négatifs acceptent l'idée fausse selon laquelle être marié vaut mieux qu'être célibataire. Cette croyance est souvent recouverte par plusieurs strates d'habitudes et de dénégation. Il existe en effet une sorte d'aveuglement. Étant donné qu'ils ne remettent pas en question les croyances de la société, les célibataires négatifs peuvent devenir pointilleux, rigides et repliés sur eux-mêmes. Ils doivent s'élever au-dessus de cette croyance – entretenue par la société – voulant qu'ils soient anormaux s'ils ne sont pas mariés.

Dans notre société, il est facile de se faire imposer de fausses croyances. En voici deux exemples. Vous a-t-on déjà dit que si vous lisiez dans la pénombre cela allait vous abîmer les yeux ? Rien ne le prouve. L'Académie américaine d'ophtalmologie affirme sans hésiter : « Lire à la lueur d'une faible lumière n'est pas plus néfaste pour vos yeux que si vous preniez une photo sous un faible éclairage en prétendant que cela est mauvais pour votre appareil. » Dans un autre ordre d'idées, pensez-vous qu'il soit dangereux d'aller nager immédiatement après un bon repas ? Voilà une autre légende tenace. Il y a une cinquantaine d'années, la Croix-Rouge a publié une brochure mettant les gens en garde face aux dangers qu'ils couraient en allant immédiatement se baigner après un repas ; elle est récemment revenue sur ses positions et annonce maintenant qu'il n'est pas dangereux de se baigner après avoir mangé.

> *Tout ce qui trompe semble engendrer quelque magique enchantement.*
> – Platon

Il y a pourtant pire qu'entretenir à l'occasion des croyances erronées : c'est de vivre dans un monde fondé sur ce que la réalité *devrait* être. L'écrivain Robert DeRopp affirme que les êtres humains habitent un monde d'illusions qui opacifie la réalité à un point tel qu'ils rêvent éveillés. La crainte d'affronter la vérité est très ancrée chez certaines personnes et celles-ci feront des pieds et des mains pour l'éviter. Elles se contenteront de la remplacer par quelque fantaisie débridée à vous faire disjoncter.

LES AVANTAGES DU CÉLIBAT

✓ Vous pouvez dormir en gardant la radio allumée toute la nuit.

✓ Les différents cahiers de votre journal ne sont jamais mélangés.

De nombreux célibataires non motivés souffrent d'aveuglement en rêvant à l'existence de quelque Terre promise située à mi-chemin entre le Paradis terrestre et Shangri-la. Ils croient pouvoir atteindre ces pays imaginaires sans efforts. Tout ce qu'il leur faut, c'est de réussir un gros coup dans la vie, comme remporter le gros lot à la loterie, décrocher l'emploi idéal ou trouver le parfait partenaire. La légende de l'extraordinaire « coup de pot », selon l'expression de Françoise Sagan[5], relève de croyances erronées sur la façon dont le monde devrait être, plutôt que sur son état actuel. Les gens qui souffrent du gigantesque coup de pot vivent partiellement dans la réalité et partiellement dans la fiction. La partie fiction comprend ce qui devrait être au lieu de ce qui *est*, ce qui peut se révéler autodestructeur. En fait, les conséquences peuvent être généralement assez dévastatrices.

La plupart d'entre nous ont tendance à structurer nos schèmes de pensée selon des manières qui nous empêchent de percevoir toutes les solutions possibles aux problèmes de l'existence, et cette tendance a un impact important sur nos compétences. Être un célibataire créatif signifie vivre avec passion et spontanéité. Il est important de vous fier à votre intuition et de savoir mettre un terme à vos idées préconçues et à vos inhibitions.

Une pensée souple vous permettra d'évoluer avec davantage de facilité dans la vie. Voilà pourquoi il ne faut pas que vous restiez coincé dans vos croyances. Croire, par exemple, que votre vie se trouvera considérablement améliorée par le mariage est erroné. Si vous ne prenez pas le temps de réfléchir et si vous ne remettez pas de temps à autre en question toutes les croyances que vous entretenez à propos de l'existence, la structure de votre façon de penser pourrait nuire à votre santé

---

5. C'est en ces termes qu'elle décrivait son succès. (N.d.T.)

mentale et votre raisonnement faussé pourrait limiter votre capacité à voir les choses sous un angle différent. Souvenez-vous que votre esprit est comme un parachute : mieux vaut pour vous qu'il soit ouvert.

J'espère que vous ne tomberez pas dans le piège où tant de personnes non motivées se font prendre. Tout au long de leur existence, celles-ci souffrent du syndrome voulant que tout leur soit dû et que quelque *deus ex machina* réglera miraculeusement tous leurs problèmes. Tenant pour acquis qu'elles n'ont pas à être responsables de leur bien-être, elles cherchent constamment la voie de la facilité. Voilà pourquoi tant de Nord-Américains sont esclaves du jeu, des stupéfiants et de l'alcool. La plupart d'entre nous ont cru, à un moment ou à un autre, que quelque formidable coup de pot allait nous propulser vers le bonheur. J'y ai cru, moi aussi, il y a longtemps, mais cela m'arrive rarement aujourd'hui, sinon plus du tout. J'ai donc réalisé que le *deus ex machina* n'existe qu'au théâtre. En revanche, j'ai découvert que je n'ai pas besoin de miracle tombant du ciel pour obtenir des satisfactions et du bonheur dans la vie : je peux en accomplir en utilisant ma créativité et en appliquant mon « paradoxe de la vie facile[6] ».

Connais-toi toi-même...

> *Lorsque je fais l'amour, je m'imagine être quelqu'un d'autre.*
>
> – Richard Lewis

Les célibataires qui s'imaginent que leur état est une chose terrible et qu'avoir un conjoint ou une conjointe une chose merveilleuse souffrent d'un problème d'identité et d'estime de soi. Il est indéniable qu'à l'adolescence nous avons tous, à un moment donné, souffert du peu d'estime que nous nous portions. La moindre humeur nous précipitait dans le trente-sixième dessous. Avoir une piètre estime de soi est une réalité compréhensible chez les adolescents. Le problème, c'est que de nombreux célibataires adultes possédant de grandes compétences naturelles se trouvent paralysés à cause de leur incapacité à extirper leur estime d'eux-mêmes du profond fossé où elle se trouve enfouie. Ils ont simplement laissé l'absence de partenaire saper leur sens des valeurs personnelles.

---

6. Qui n'est pas la voie de la facilité...

Les gens qui ont une piètre estime d'eux-mêmes ont tendance à être extrêmement dépendants des autres. Ils ne sont pas motivés et ont le sentiment de n'être bons à rien. Ceux et celles qui se sous-estiment peuvent souffrir des symptômes et problèmes suivants : ils sont anxieux, fatigués, constamment inquiets, insomniaques et victimes de peurs incontrôlables ; ils ont une santé précaire, se considèrent peu attirants et sont incapables d'accepter une critique. De plus, ils souhaitent constamment être plus heureux.

Si vous éprouvez ne serait-ce qu'un soupçon d'estime pour vous-même, il est impératif que vous fassiez le nécessaire pour sortir de l'ornière et reconstruire l'idée que vous vous faites de vous-même. En continuant à vous dénigrer, vous continuerez à vivre des frustrations et des ratages. Le manque d'estime de soi chronique peut être une maladie paralysante qui, invariablement, produit des souffrances émotionnelles et une propension à être malheureux.

LES AVANTAGES DU CÉLIBAT

✓ Personne ne découvrira que vous ne savez pas faire la cuisine.

✓ Vous pouvez écouter constamment la musique que vous aimez.

Prenez quelques instants pour répondre à cette question. Qui êtes-vous en réalité ? Vivre heureux tout en étant célibataire signifie que vous vous connaissez. Votre nature constitue l'essentiel de votre individualité, cet ensemble de caractéristiques qui vous distinguent des autres personnes. Si vous vous trouvez engagé dans une longue histoire sentimentale, prenez un peu de temps pour faire le point. Il importe que vous cessiez de vous définir en termes de « relations ». Souvenez-vous que même dans un couple, chacune de ses composantes est en réalité un individu – disons un ou une « célibataire » qui passe du temps avec un ou une autre «célibataire ».

Afin de découvrir qui vous êtes, fiez-vous à vos propres décisions, à vos goûts et vos champs d'intérêt. Ne laissez pas le concept de partenariat ou de mariage être l'unique objectif significatif de votre existence. En dehors de toute considération maritale, assurez-vous de poursuivre des hobbies et de travailler sur des sujets qui vous intéressent. Ainsi, l'image que vous vous ferez de vous-même sera autre chose que celle d'un « demi-couple ». Soyez à l'écoute de vos voix intérieures et non des voix de la société. Le meilleur endroit pour afficher l'unicité de votre personne doit être séparé du concept de partenariat du mariage. Si l'on vous demande qui vous êtes, l'ensemble de votre identité devrait se trouver arrimé à votre nature propre, celle que vous dévoilez dans la poursuite de vos intérêts personnels.

Le meilleur moyen de rehausser l'estime de soi est de modifier son attitude à propos de la manière dont les choses vont et son comportement. Vous ne devriez pas attendre que le navire vienne vous recueillir sur votre île, mais bien nager à sa rencontre. Si vous commencez à réaliser quelque chose dans votre vie, votre estime de vous-même ne pourra qu'augmenter. Lorsqu'on est célibataire, que nos réalisations soient modestes ou impressionnantes, notre amour-propre doit être à la hausse. Animé par un tel sentiment, vous serez davantage motivé à sortir et à obtenir ce que vous recherchez dans la vie. Les gens qui ont une attitude positive étant attirés par leurs semblables, vous attirerez davantage d'éléments positifs dans votre entourage en ayant un comportement sain.

> *Souvenez-vous que personne ne doit pouvoir vous rabaisser sans votre consentement.*
> – Eleanor Roosevelt

Être célibataire représente un avantage déguisé, car si vous prenez le temps de croître en tant qu'individu, vous n'aurez pas besoin d'arrimer votre identité à celle de quelqu'un d'autre. Le jour où vous vous retrouverez célibataire à la suite d'un divorce ou d'une séparation, vous pourrez tester qui vous êtes vraiment. Apprendre à vivre heureux en célibataire suppose la faculté de tout vivre selon sa propre nature au lieu de vivre par procuration à travers un conjoint ou un partenaire.

Si vous entretenez une piètre image de vous-même, personne d'autre que vous ne pourra vous venir en aide. Souhaiter qu'un magicien ou qu'une fée fasse son apparition et modifie votre perception de vous-même n'est qu'un vœu pieux. Le fait est que vous devez d'abord vous aimer. Si

Ne m'avez-vous pas dit que vous alliez suivre un cours d'estime de soi ?

Je ne pensais pas qu'ils allaient m'accepter...

vous ne vous acceptez pas tel que vous êtes, il est illusoire de croire que quelqu'un d'autre vous aimera dans le même contexte. Lorsque vous vous acceptez bien et que vous vous aimez, vous aimerez les autres et apprécierez leur compagnie. Si vous pensez que vous méritez de rencontrer l'oiseau rare et que vous commencez par vous aimer, il y a de fortes chances pour que celui-ci croise votre chemin.

La piètre estime de soi peut représenter un obstacle aux relations sentimentales et aux relations à long terme. Si vous avez l'impression qu'on ne vous fréquente pas parce que vous n'êtes pas intelligent, intéressant, charismatique ou suffisamment attirant, vous sapez vos chances d'entretenir une relation saine. Pour être un célibataire heureux, il faut que vous soyez en paix avec vous-même. L'estime de soi n'est pas une question de talents exceptionnels, de ressources financières considérables ou de qualités physiques dignes d'un athlète olympique. Faire preuve d'estime de soi signifie tout simplement se sentir bien dans sa peau et avoir une attitude positive face aux objectifs que l'on s'est fixés et aux moyens de satisfaire ses aspirations.

> *Personne ne m'aime comme ma mère. Et encore, elle aussi pourrait bien me raconter des histoires de brigands !*
>
> – B.B. King

Toutefois, si vous parvenez à surmonter tout sentiment d'insuffisance socio-affective, il est possible d'avoir confiance en vous et de faire preuve d'indépendance. Soyez conscient de votre propre valeur et complimentez-vous de temps en temps. Mark Twain a déjà dit : « Si personne ne vous fait de compliment, ne vous gênez pas pour vous en faire un vous-même. » Attendre qu'on reconnaisse votre valeur ou vos réalisations et constater que personne ne le fait peut vous décevoir grandement. Avoir confiance en soi et en ses capacités permet d'être un célibataire heureux. Paradoxalement – si tel est votre désir –, ces dispositions d'esprit augmentent vos chances de rencontrer l'âme sœur. Les gens qui ont confiance en eux et qui sont en harmonie avec eux-mêmes et avec le monde qui les entoure ont tendance à attirer d'autres personnes du même genre qu'eux.

> *J'étais prêt à m'acheter un exemplaire du livre « Le pouvoir de la pensée positive » lorsque je me suis demandé à quoi tout cela allait bien pouvoir me servir...*
>
> – Ronnie Shakes

Il n'existe pas de formule facile ou magique pour tirer le maximum de son état de célibataire. Si vous cherchez des solutions miracles pour vous aider, que votre objectif soit de perdre du poids, de surmonter la solitude, de faire plus d'argent ou d'avoir plus de temps, vous risquez fort d'être déçu. Il est difficile de changer de vieilles habitudes ; cela prend des efforts et de l'énergie. Cependant, si vous passez votre temps à ressasser de vieilles déceptions et si vous restez accroché aux préventions qui vous affectent actuellement et à vos ennuis futurs, votre vie risque peu de s'améliorer. Pour que le célibat vous convienne, il importe que vous utilisiez votre temps de manière créatrice et productive.

Lorsque vous parviendrez enfin à surmonter votre besoin de vous sentir attaché à quelqu'un, vous éprouverez un étonnant sentiment de satisfaction, et vous vous demanderez pourquoi ce sentiment ne s'est pas manifesté plus tôt. En réalisant qu'être célibataire constitue un véritable test vous permettant de savoir qui vous êtes vraiment, vous ne pourrez qu'en sortir gagnant et ressentir alors vraiment la joie de ne pas avoir de fil à la patte.

Regretter cette extraordinaire relation qui n'a jamais existé...

Si vous avez poursuivi une longue relation et que vous êtes libre à présent, la nostalgie de celle-ci peut parfois revenir vous hanter. Une fois votre statut de célibataire retrouvé, l'un des secrets pour vivre heureux est de surmonter tous les regrets que vous pouvez entretenir à propos de ces anciennes histoires. George W. Ball a dit : « La nostalgie est une séductrice plutôt menteuse... » Lorsque nous évoquons le passé, nous nous souvenons souvent des bonnes choses et oublions les mauvaises. Nous évoquons notre relation comme quelque chose d'extraordinaire, alors qu'elle n'était que bonne, voire passable. Dans les pires cas, les gens se souviennent des choses merveilleuses qui ne sont jamais arrivées. Nous avons tendance à nous souvenir davantage de l'apport bénéfique de cette relation que des circonstances inacceptables qui nous ont incités à y mettre un terme.

Pour régler une fois pour toutes ces histoires de relations interrompues, je me suis astreint à penser à ce que j'aimais le moins dans lesdites relations et dans toutes celles où je m'étais impliqué. Cette technique m'a permis de replacer mon célibat dans une perspective convenable. C'est ainsi que toute la nostalgie de ces liaisons passées s'est rapidement évanouie.

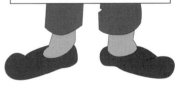

LES AVANTAGES DU CÉLIBAT

✓ **Vous pouvez dormir en diagonale dans votre lit surdimensionné.**

✓ **Vous avez le contrôle exclusif de la commande de la télé.**

Si votre dernière relation vous hante, vous pouvez faire la même chose. Pensez à tous ses aspects négatifs. Faites une liste de tout ce que vous n'aimiez pas, y compris la lassitude quotidienne ainsi que les efforts et l'énergie qu'il fallait déployer pour la faire « fonctionner ». Faire ressortir la vérité sur votre dernière relation vous aidera peut-être à atténuer quelque peu vos regrets.

Divorcés, séparés et célibataires endurcis peuvent vivre fort heureux hors des liens matrimoniaux. Être célibataire ne veut pas dire être perdant. Une personne célibataire n'a pas à passer le reste de ses jours dans une situation inconfortable ou sans objectif dans la vie. Seulement dix pour cent des personnes de plus de quarante ans qui ne se sont jamais mariées se marieront un jour. Il est peu probable que les autres – qui représentent 90 pour cent de l'échantillonnage – passent leur vie à s'arracher les cheveux et à croupir dans un état dépressif. En réalité, nombre de ces célibataires pourraient fort bien se marier, mais choisissent de ne pas le faire pour une multitude de raisons.

Le célibat présente bien des inconvénients, mais si l'on regarde de plus prés, il y en a tout autant à être marié. Si vous venez de vous séparer, vous devez apprendre à laisser aller le passé. « Laisser aller » signifie entrer dans l'inconnu pour se découvrir soi-même et, finalement, acquérir la confiance et la sécurité que vous n'avez peut-être jamais eues.

Quiconque limite sa vision à des réminiscences du passé est déjà mort.

– Lily Langtry

Les exigences de la vie de célibataire vous imposent de ne compter que sur vos propres moyens pour faire fonctionner votre vie.

> *Les désastres que nous subîmes furent parfois les meilleures choses qui aient pu nous arriver, tandis que les choses que nous jurions être des bénédictions se révélèrent parfois les pires.*
>
> – Richard Bach

Un monde nouveau et captivant existe pour les personnes sans partenaire attitré. Ne pas être lié vous permet d'apprécier la vie d'une manière qui vous serait inconnue si vous entreteniez une relation suivie. Ne pas avoir de comptes à rendre à un conjoint vous donne le temps de jouir de la vie comme vous ne l'avez jamais fait auparavant.

Pour avoir un ami, soyez vous-même un ami

Pour être heureux et bien équilibrés, les célibataires doivent posséder un sens de la communauté développé, car il est dangereux pour eux de se trouver socialement isolé. Pour acquérir un solide sens de la collectivité, il est important que les célibataires établissent avec les autres des relations fortes et sérieuses. Celles-ci, quoique moins intimes que les relations maritales, peuvent fournir les ingrédients nécessaires à un sentiment d'appartenance et au bonheur. La famille et les amis peuvent représenter l'une des sources de ce réseau social nécessaire pour se sentir soutenu et bénéficier de la camaraderie dont on a besoin.

Freud a dit que l'amour et le travail étaient le secret du bonheur. L'amour comporte plusieurs dimensions. On considère généralement que les relations intimes constituent les seules sources de bonheur et d'amour. L'amour est une relation profonde qui contribue sans nul doute à être heureux et permet que la vie vaille la peine d'être vécue ; toutefois, il ne s'agit pas là de l'unique source de bonheur. Bien des gens hautement créatifs, qui ne vivent pas de relations interpersonnelles intimes, mènent pourtant des vies très heureuses. Précisons qu'il ne s'agit pas là de gens solitaires ou asociaux. Ce sont simplement des individus qui entretiennent avec les autres des relations sociales proches – quoique moins intimes que dans un mariage. Ils ont également la passion de leur métier et un but important dans la vie. Ces créateurs et créatrices célibataires parviennent à être heureux et à mener des vies intéressantes grâce à un mélange de rapports chaleureux et de carrières satisfaisantes.

Les célibataires ne devraient pas fréquenter seulement des amis qui partagent la même philosophie ou le même mode de vie que le leur. En qualité de personnes seules, vous devez être en mesure de vous faire un plus grand nombre d'amis que les gens mariés. Vous avez une occasion unique de fréquenter des personnes ayant une mentalité très différente, dont les goûts et les intérêts sont très diversifiés.

> *Les hommes et les femmes qui éprouvent de l'affection mutuelle devraient vivre voisins les uns des autres et se voir de temps en temps.*
>
> – Katharine Hepburn

Il existe toute une différence entre les termes « amis » et « connaissances ». Dans un livre intitulé *Illusions*, Richard Bach écrit : « Vos amis vous connaîtront mieux dès la première minute où vous vous rencontrerez que les connaissances ne pourraient le faire en un millénaire. »

Les relations proches s'établissent dans un climat d'ouverture, d'affection et de confiance. Les relations d'affaires, les copains et copines de sport ne sont pas nécessairement des amis intimes. Généralement fondés sur la compétitivité et la poursuite d'objectifs précis, ces rapports ne peuvent engendrer une véritable amitié. Un ami intime est quelqu'un qui vous fournira un appui émotionnel lorsque vous en aurez besoin. Quelqu'un à qui vous pouvez parler de questions personnelles et de qui vous pouvez solliciter une opinion que vous prendrez en considération lorsque vous devrez affronter une décision importante.

LES AVANTAGES DU CÉLIBAT

✓ Vous avez toujours le dernier mot lorsqu'il s'agit de régler la température de la maison.

✓ Il est plus facile d'avoir beaucoup d'amis.

Des relations proches avec des amis et des parents sont également indispensables pour résoudre certains petits problèmes de la vie. Ces liens chaleureux ne peuvent être que bénéfiques. Les amis ne vous coûteront presque rien sur le plan financier, mais votre implication matérielle est inévitable. Elle peut se concrétiser en temps, en désir de partager ou en aide, le cas échéant.

Lorsque vous vous trouvez avec des amis, résistez à l'envie excessive de les persuader de vos propres convictions et de les rallier à vos points de vue catégoriques. Vous remarquerez

> *Le vrai bonheur se trouve d'abord dans l'acceptation joyeuse de soi et ensuite, dans l'amitié et les conversations que l'on peut avoir avec quelques compagnons triés sur le volet.*
>
> — Joseph Addison

que jouer à savoir qui a tort ou qui a raison représente la plupart du temps une perte de temps et d'énergie. Avoir raison ne convainc souvent pas l'autre personne de l'exactitude de votre argumentation. Si vous tenez à persuader les gens de la justesse de votre philosophie ou de votre point de vue, vous le ferez en posant des gestes concrets.

> *Dis-moi qui tu hantes et je te dirai qui tu es.*
>
> — Miguel de Cervantes

Tenez-vous vraiment à améliorer le monde en vous fondant sur vos convictions personnelles ? Si oui, faites de cette idée un objectif de vie. Ensuite, embrassez cette cause et agissez. En obéissant à vos convictions, vous commencerez à obtenir des résultats probants et les autres s'en apercevront. Votre exemple ne tardera pas à convaincre les gens équilibrés et il y aura même quelques sceptiques pour se rallier à votre étendard.

Partager vos problèmes avec tous les gens que vous rencontrez quotidiennement ne peut que détruire vos chances d'attirer des personnes positives. Paradoxalement, ce sont elles qui pourront le mieux vous aider, vous assurer leur appui et vous donner des conseils pour résoudre vos problèmes. Leur attitude saine et leurs réalisations leur permettront de vous inspirer et de vous fournir l'encouragement dont vous avez besoin.

Il est évident qu'il est plus facile d'attirer des gens enthousiastes lorsque vous l'êtes vous-même. Se méfier de tout le monde, se montrer pessimiste ne vous aidera pas à attirer dans votre entourage des personnes de qualité. Il faut que vous fassiez preuve de respect, que vous manifestiez de l'affection et de la bonne humeur avec les autres, du moins si vous souhaitez que l'on vous traite de la même façon.

Investissez de l'énergie dans vos relations amicales. Vous en serez récompensé de manière surprenante et vous vous sentirez bien. Si vous dites « présent » lorsqu'ils ont besoin de vous, les bons amis seront toujours disponibles aussi bien pour s'amuser en votre compagnie que pour vous remonter le moral. Comme le disait Longfellow : « Pour avoir un ami, soyez vous-même un ami. »

Qui se ressemble s'assemble

On vous l'a sans doute déjà dit : en gardant les choses simples, en s'en tenant à l'essentiel, on se facilite la vie et on s'en trouve beaucoup plus heureux. Néanmoins, pour quelque mystérieuse raison, la plupart des gens font l'impossible pour se compliquer la vie, ne serait-ce qu'à cause de leurs fréquentations.

> *Si vous vous souciez de votre réputation, fréquentez des gens de qualité, car il vaut mieux être seul qu'en mauvaise compagnie.*
>
> – George Washington

En voyage, la vie peut être plus simple si vous ne transportez pas un surplus de bagages. Ceux qui en ont fait l'expérience avec les transporteurs aériens en savent quelque chose. Les gens négatifs constituent ce surplus de bagages pour lequel vous n'avez pas les moyens de payer. Les gens négatifs risquent de vous coûter beaucoup plus cher que de l'argent. C'est votre temps, votre énergie et votre bonheur qui risquent d'y passer.

> *Celui-ci est célibataire et, pour lui, c'est l'enfer.*
> *Celui-là est marié et, pour lui, c'est la peste…*
>
> – Robert Barton

En fin de compte, cette catégorie de personnes peut même vous coûter votre santé mentale. En effet, si vous vous entourez de trop d'énergumènes négatifs, un effondrement total de votre stabilité mentale pourrait fort bien survenir. Au mieux, vous n'atteindrez pas vos objectifs ou ne réaliserez pas les projets que vous vous êtes fixés et qui sont indispensables à votre bonheur.

Ce type cherchera à vous rallier à l'idée que le monde est un endroit parfaitement pourri. Rien n'énerve davantage les sinistrosés et les personnes peu motivées que ceux et celles qui pensent de manière positive et réussissent. Voilà pourquoi il est important d'éviter les individus susceptibles de drainer votre énergie. Si vous avez des amis et des connaissances qui souffrent de déprime chronique et se plaignent en permanence, il est certain que leur énergie négative ne tardera pas à corroder votre propre énergie positive. À moins que leur état ne soit temporaire et occasionné par quelque traumatisme sérieux, il n'est guère recommandé de consacrer trop de temps à ces personnes, en fait vous avez intérêt à les éviter autant que possible.

Vous avez peut-être déjà entendu la blague de l'ivrogne gisant dans un caniveau près d'un cochon qui s'y vautrait. Une dame qui passait par là commenta la disgracieuse scène en ces termes : « Qui se ressemble s'assemble... » Le cochon se remit prestement sur ses pattes et se sauva. Une autre erreur que certains commettent consiste à traîner avec des fainéants improductifs et négatifs parce qu'ils font figure de génies méconnus dans certains milieux faisandés. Le seul problème est que le reste du monde, tout comme la dame, risque de vous juger d'après vos fréquentations.

Ne commettez pas l'erreur d'essayer de changer la polarité des gens négatifs en vous attendant à ce qu'ils modifient rapidement leur comportement. Dans l'un de ses livres, Richard Bach écrit : « Personne ne peut trouver de solutions aux problèmes de quelqu'un dont la plus grande difficulté est de refuser de les résoudre. » Dans le cas où vous n'auriez pas compris, disons que les gens négatifs ne changent pas et que s'ils finissent par changer, ce n'est qu'après une longue période de temps que vous n'avez pas les moyens d'assumer. Au lieu de dépenser votre énergie à essayer de changer quelqu'un, canalisez-la afin de vous changer vous-même.

Entourez-vous de gens enthousiastes ayant des choses positives à dire sur la vie. Ces derniers sont animés par une flamme intérieure et un irrésistible goût de vivre. Leur rayonnement et leur manière de parier sur la vie créent une sorte de champ magnétique que l'on peut ressentir dans leur entourage. Il y a beaucoup à apprendre de ces gens. Ils ont acquis une grande sagesse et une solide connaissance de la vie. Dans tous les cas, le bon sens nous dicte de nous entourer de personnes hypermotivées au lieu de personnages qui nous dépouillent de notre énergie.

> *Le meilleur moment de se faire des amis est avant que vous en ayez besoin.*
> – Ethel Barrymore

Les gens trop gentils sont souvent emmerdants

Récemment, une dame a demandé conseil à Ann Landers[7] afin de savoir comment elle devait réagir devant le comportement singulier de sa belle-mère. Cette dernière lui empruntait

---

7. Chroniqueuse populaire bien connue aux États-Unis, équivalente de Madame Soleil en France et de Madame Bertrand au Québec.

continuellement des choses, mais avait la fâcheuse habitude de ne pas les lui rendre. Ainsi, une théière empruntée trois ans auparavant n'était jamais revenue chez sa propriétaire. Une machine à écrire avait été empruntée, rendue pour un court laps de temps, pour être ensuite réempruntée et disparaître, elle aussi, dans les limbes de l'oubli. La bonne dame craignait de se brouiller avec sa belle-mère qui, affirmait-elle, était au demeurant « une excellente personne ». Le problème était que cette correspondante voulait tellement être gentille et aimée de son emprunteuse qu'elle se mettait dans tous ses états. Ann Landers lui donna ce judicieux conseil : « À moins que vous ne remplaciez le spaghetti bien cuit qui vous sert d'épine dorsale par une véritable colonne vertébrale, ce problème risque de durer *ad vitam œternam*... »

Trouvez-vous que je suis ennuyeux ?

Je sais que nous nous sommes déjà rencontrés, mais il m'est impossible de me rappeler votre nom...

Ne laissez pas votre propension à la gentillesse court-circuiter votre désir de prendre des risques et de profiter de la vie. Vouloir être trop gentil avec tout le monde dissimule souvent le désir d'être aimé de tous et de toutes. Robin Chandler, un acteur britannique, n'hésite pas à affirmer : « La gentillesse est une maladie qui fait plus de ravages que l'alcoolisme. Les gentils ont simplement peur de dire non. Ils se soucient en permanence de ce que les autres pensent et adaptent constamment leur comportement pour essayer de faire plaisir, tout en ne réussissant jamais à faire ce qu'ils veulent vraiment faire. »

Être trop gentil peut handicaper votre carrière. Un problème commun chez certains cadres – masculins comme féminins – qui n'atteignent pas leurs objectifs provient du fait qu'ils veulent être trop gentils. « Je suis l'une de ces personnes qui vivent pour qu'on l'aime. Mon incapacité à régler les conflits a démantelé mon équipe... » écrivait un cadre

> *Si vous n'avez pas d'ennemis, vous risquez fort de vous retrouver dans une fâcheuse position : celle de ne pas avoir d'amis.*
>
> – Elbert Hubbard

supérieur à l'influent magazine *Fortune*. Ce monsieur, connu comme étant trop gentil, était en passe de se faire montrer la sortie. Le moral de son service était au plus bas, car il était incapable de prendre des décisions difficiles. Après avoir suivi un an de « counselling » à l'extérieur, notre cadre en est venu à la conclusion suivante : « Si vous êtes incapable de donner aux gens une rétro-information positive, vous les blessez d'autant plus. » Après avoir resserré sa gestion et acquis le courage de licencier lorsque cela se révélait nécessaire, le moral de son équipe grimpa en flèche.

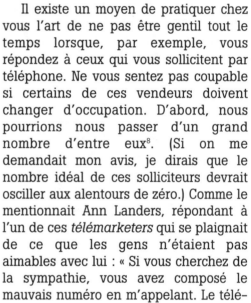

LES AVANTAGES DU CÉLIBAT

✓ Vous pouvez presser le tube de pâte dentifrice en plein milieu et le laisser ouvert sans que personne ne vous fasse de scène.

Il existe un moyen de pratiquer chez vous l'art de ne pas être gentil tout le temps lorsque, par exemple, vous répondez à ceux qui vous sollicitent par téléphone. Ne vous sentez pas coupable si certains de ces vendeurs doivent changer d'occupation. D'abord, nous pourrions nous passer d'un grand nombre d'entre eux[8]. (Si on me demandait mon avis, je dirais que le nombre idéal de ces solliciteurs devrait osciller aux alentours de zéro.) Comme le mentionnait Ann Landers, répondant à l'un de ces *télémarketers* qui se plaignait de ce que les gens n'étaient pas aimables avec lui : « Si vous cherchez de la sympathie, vous avez composé le mauvais numéro en m'appelant. Le télé-phone est un service pour lequel les abonnés paient grassement. Personne ne devrait leur imposer un boniment publicitaire pendant qu'ils mangent, qu'ils dorment, qu'ils prennent un bain ou qu'ils font l'amour... »

Être trop gentil peut également saper vos possibilités d'avoir une relation valable. Si vous hésitez à mettre le holà lorsque votre copain ou votre copine vous traite de manière hargneuse ou injuste parce que vous craignez qu'il ou elle vous quitte, vous finirez par concevoir une sourde haine envers votre partenaire. Cette situation peut avoir des conséquences plus néfastes que si vous vous opposez à lui (ou à elle) et lui faites part franchement de vos objections et de vos attentes. À la suite d'un sondage portant sur 300

---

8. La technique du colportage téléphonique, autrefois réservée aux parieurs sur livres, aux vendeurs de valeurs mobilières douteuses et aux solliciteurs d'abonnements divers, a été rebaptisée du nom ronflant de télémarketing. (N.d.T.)

personnes, la sociologue Diane Felmlee a découvert que 29 pour cent d'entre elles ont déclaré que dans leurs relations antérieures, ce

> *C'est travail, famille, patrie, les gentils...*
> *C'est la retraite à vingt ans, les méchants.*
>
> – Chanson popularisée par Michel Fugain

qu'elles considéraient au départ comme une qualité chez leur partenaire était en fait un défaut. L'une de ces qualités qui avaient mal tourné résidait dans une excessive gentillesse. Je dirais que c'est probablement parce que les « gentils » sont trop souvent des emmerdeurs qui s'ignorent.

S'ennuyer est une insulte envers soi-même

De nombreux célibataires me confient que l'ennui représente pour eux une source majeure d'anxiété. S'ils ne sont pas mariés, fiancés ou en couple, ils ont l'impression de gaspiller leur vie. Leur plus grande crainte est d'avoir trop de temps à leur disposition, car, pour lutter contre l'ennui, ils ont l'impression qu'il est nécessaire d'entretenir une relation intime. Ils n'utilisent pas leur temps de manière judicieuse et le bonheur est une notion qui leur échappe. Au lieu d'être des acteurs dans leur vie, ils ne sont que des spectateurs qui critiquent les activités des autres. Le célibat ne devient qu'une période continue d'ennui et de découragement. L'ennui prive les gens de tout sens de l'existence et sape leur goût de vivre. Même si cette morosité semble affecter tout particulièrement les célibataires ou les chômeurs, les personnes qui travaillent et qui sont mariées ne sont pas à l'abri de ce sentiment de lassitude.

Agir en spectateur n'est pas précisément le moyen de tirer le maximum du célibat. Vous ne pouvez pas rester passif et vous attendre à ce que des choses excitantes surviennent miraculeusement dans votre vie. Vous seul pouvez prendre la responsabilité de vous placer dans des situa-

> *Où que je sois, je ne m'ennuie jamais.*
> *S'ennuyer est une insulte envers soi-même.*
>
> – Jules Renard

tions susceptibles de déboucher sur des choses intéressantes. En planifiant et en utilisant judicieusement votre temps, vous serez en mesure d'entreprendre des activités, anciennes comme nouvelles, qui rehausseront votre qualité de vie.

Surmonter l'ennui vous sera plus facile si vous vous occupez à faire des choses que vous aimez ou si vous assumez des tâches nouvelles et complexes. Vous devez être responsable de votre ennui. Voici le mot que j'ai reçu d'un professeur de pédagogie d'une université de l'ouest du Canada.

Cher Monsieur Zelinski,

J'ai beaucoup aimé votre livre « L'art de ne pas travailler ». J'ai pris conscience du fait que j'étais en train de m'ennuyer à mort et j'ai l'intention de faire quelque chose pour remédier à la situation.

Merci.

John X

Parmi les centaines de lettres que j'ai reçues à propos de *L'art de ne pas travailler*[9], celle-ci, malgré sa brièveté exemplaire, est probablement l'une des plus significatives. Le chapitre sur l'ennui intitulé *Quelqu'un m'ennuie, je pense que c'est moi* a dû avoir un certain impact sur mon correspondant qui a réalisé que s'il y avait quelqu'un qui pouvait faire quelque chose contre son ennui, c'était l'ami John en personne.

> *Un bavard, c'est quelqu'un qui parle toujours des autres ;*
>
> *un raseur, quelqu'un qui parle toujours de lui ;*
>
> *un fin causeur, quelqu'un qui sait vous parler de vous.*
>
> — Lisa Kirk

Les psychologues savent fort bien que les gens qui souffrent d'ennui chronique sont des conformistes, des êtres rongés par l'anxiété, n'ayant aucune confiance en eux, peu créatifs, très sensibles à la critique, inquiets pour leur sécurité et très matérialistes. L'ennui risque d'affecter davantage les gens qui empruntent le chemin de la vie le plus sûr et le plus dénué de risques. En recherchant la sécurité de manière maladive, ils ne récoltent que rarement les dividendes qui viennent de pair avec les joies de l'œuvre accomplie, la fierté et la satisfaction de soi. Ceux et celles qui choisissent la voie de la variété et de l'exaltation souffrent rarement de l'ennui. Les personnes créatives, qui cherchent toujours quelque chose à réaliser et explorent différentes pistes pour mener leurs

---

9. *L'art de ne pas travailler*, Éditions internationales Alain Stanké, 1998.

projets à bien, trouvent que la vie est terriblement excitante, en plus de valoir la peine d'être vécue.

À notre époque postmoderne, on s'imagine que l'ennui nous est imposé de l'extérieur. C'est toutefois notre manque d'imagination qui est la cause de cette peste. Les choses deviennent ennuyeuses parce que nous nous attendons à ce qu'elles soient exaltantes en elles-mêmes. Les gens qui recherchent la nouveauté pour la nouveauté dans toutes leurs activités extérieures deviennent en quelque sorte intoxiqués. À cause de leur manque d'imagination, beaucoup d'entre eux sombrent dans le jeu, l'éthylisme mondain et les stupéfiants. Les forcenés de la nouveauté changent d'emploi, de conjoints, de milieu, dans un insouciant abandon. Étant donné qu'ils n'utilisent pas leur imagination, ils retombent perpétuellement dans un ennui mortel et sont d'éternels insatisfaits.

Les perfectionnistes qui se fixent des objectifs très élevés dans la vie sont des candidats tout désignés pour souffrir d'ennui et même de dépression. Ils prennent des modèles diffi-

> *Si vous vous ennuyez seul, mariez-vous et ennuyez-vous avec quelqu'un d'autre.*
> – David Pryce-Jones

ciles à surpasser pour eux et leurs amis. Tout dans leur vie doit être exceptionnel et d'un indéniable intérêt. Ce sont de tels critères que les perfectionnistes appliquent à leurs éventuels conjoints ou conjointes. Si ces derniers ne sont pas extraordinairement charmants, beaux et intéressants, les perfectionnistes ne tardent pas à s'en lasser, puis à les rejeter parce qu'ils les trouvent ennuyeux, alors que la responsabilité leur incombe en quasi-totalité.

Nous devons affronter l'ennui dès qu'il se manifeste et ce n'est qu'en faisant appel à notre imagination que nous pouvons le terrasser. La volonté que vous manifesterez pour assumer la responsabilité de votre ennui constitue la force créatrice qui

> *L'amitié que l'on se porte est de toute première importance. Faute de quoi, il est impossible d'être ami avec qui que ce soit.*
> – Eleanor Roosevelt

déterminera si vous avez plaisir à être célibataire. Une fois que vous aurez accepté le fait que votre attitude détermine votre qualité de vie, vous serez sur la bonne voie pour éliminer l'ennui et le découragement.

Développez une relation positive avec la personne la plus importante de votre vie

Le fait de ne jamais remettre en question la façon dont nous envisageons le mariage et le célibat comporte un danger : celui de ne penser qu'à sens unique, sans voir s'il existe d'autres solutions plus adéquates. Si, à l'heure actuelle, vous n'avez pas de partenaire pour partager votre vie, il existe d'autres possibilités. Il n'en tient qu'à vous de les créer. L'idée selon laquelle tout le monde a besoin d'un ou d'une partenaire pour survivre et profiter de la vie est erronée. Tirer le maximum du célibat exige que vous développiez une relation positive avec la personne la plus importante de votre vie, c'est-à-dire vous-même !

Une bonne manière d'effectuer la transition à la vie de célibataire suppose que vous transformiez votre identité, que vous mainteniez une estime élevée de vous-même, que vous vous fassiez de nouveaux amis et que vous entrepreniez de nouveaux projets. Si vous ne vous êtes pas exercé à atteindre de tels objectifs, c'est le moment de vous y mettre. Votre santé physique et mentale ne s'en portera que mieux. L'écriture et autres activités créatrices intérieures peuvent être des moyens efficaces de développer votre individualité. Entreprenez des projets et des activités que vous avez toujours voulu réaliser, mais que vous n'avez pas eu l'occasion de mener à bien dans le passé.

> *Il n'est pas facile de trouver le bonheur en nous...*
> *Et il est impossible de le trouver ailleurs.*
> – Agnes Repplier

Contrairement à ce qui se passait voilà une décennie ou deux, être célibataire de nos jours ne veut pas dire que vous êtes un inadapté social. Des millions de gens de la communauté des célibataires vivent des expériences similaires.

Ces célibataires ont en commun différentes attentes et aspirations. Ce mode de vie offre de nombreuses occasions à ceux et celles qui veulent en explorer et en tirer le meilleur parti. Pour les célibataires, le nombre d'options disponibles leur permettant de mieux se connaître est pratiquement illimité.

Les célibataires peuvent découvrir le monde sous des aspects auxquels les personnes mariées ont difficilement accès. Nombre d'entre eux trouvent que ne pas être lié représente un état très enviable puisqu'ils peuvent mener leur vie au maximum, comme bon leur semble. Le plus drôle, c'est que, détendus et en parfait accord avec eux-mêmes, leurs possibilités d'engager une relation sérieuse s'en trouvent sensiblement augmentées.

Mark Twain a dit : « La pire solitude est de ne pas être à l'aise avec soi-même. » Les célibataires dynamiques sont en harmonie avec eux-mêmes. Contrairement à nombre de célibataires qui évitent d'être vus seuls dans des restaurants et dans des cafés, les plus positifs n'ont pas ces complexes. Les gens heureux de vivre seuls ont adopté une attitude adéquate en développant un sentiment d'indépendance leur permettant de goûter pleinement aux possibilités qui leur sont offertes.

LES AVANTAGES DU CÉLIBAT

✓ Vous pouvez manger des nouilles avec de la confiture sans que votre partenaire se mette à faire des remarques idiotes.

✓ Vous n'avez pas à écouter les blagues éculées de votre partenaire.

L'expérience du célibat présente un défi à ceux et celles qui sont motivés, qui aiment la variété et la liberté et qui ne croient pas qu'ils doivent suivre pas à pas les moutons de Panurge. Les célibataires créatifs et vivaces se considèrent comme privilégiés et vivant une sorte de luxe : un petit paradis qu'ils se sont créé. Les célibataires bien équilibrés ont épousé leur indépendance. Ils sont en accord avec eux-mêmes et ne se trouvent pas paralysés du fait qu'ils ne mènent pas une vie de couple. Ces personnes positives savent pertinemment que leur source de bonheur réside en eux. Être célibataire est une occasion d'épanouissement personnelle. C'est aussi une aventure.

S'aimer soi-même est le commencement d'une histoire d'amour qui durera toute votre vie.

– Oscar Wilde

---
chapitre 3

Le mariage : tous les éléments d'une tragédie grecque ?

Envisager le mariage

Dans une lettre citée dans une biographie autorisée, le prince Charles déclarait ce qui suit : « Le mariage comporte tous les éléments d'une tragédie grecque. Je n'aurais jamais pensé que cela finirait ainsi... Comment ai-je pu avoir tout faux à ce point ? » Cette réflexion du prince Charles à propos de l'échec de son mariage avec la princesse Diana nous donne à réfléchir. Les gens se marient-ils poussés par de mauvaises raisons ? Dans le cas de cette union princière, c'est ce que l'on serait porté à croire.

Le grand public anglais, canadien et américain, a eu la surprise de découvrir que les mariages des membres de la famille royale peuvent tout autant battre de l'aile que ceux de tous les Smith et Dubois de la planète. Car croire en l'infaillibilité de la famille royale revient à croire au père Noël et aux contes de fées. Croire que tout sera extraordinaire une fois que vous vivrez avec votre

> N'hésitez pas à vous marier.
> Si vous tombez sur une bonne épouse, vous serez heureux.
> Si vous tombez sur une mégère, vous deviendrez philosophe.
>
> – Socrate

partenaire rejoint également le domaine du merveilleux. La plupart d'entre nous imaginent que tout sera idyllique lorsque nous partagerons enfin notre vie avec quelqu'un. Notre société, axée sur le couple, tente de nous convaincre que mariage et bonheur suprême sont synonymes. Le cinéma, les revues, les romans du genre Harlequin nous ont conditionnés à croire à l'histoire du prince charmant et de Cendrillon, appelés à vivre un bonheur éternel.

> *Le problème avec certaines femmes est qu'elles s'excitent pour un rien et qu'ensuite elles l'épousent.*
>
> – Cher

Le rêve et la réalité diffèrent sensiblement dans ce domaine. Un mariage qui dure toute une vie est censé engendrer un sentiment de contentement et un plaisir ineffable de fuir les pressions inhérentes à la vie de célibataire. Malheureusement, comme dans le cas du prince Charles, le mariage ne remplit pas toujours ses promesses.

Si vous voulez rehausser la qualité de votre vie de célibataire, il est bon que vous remettiez en question vos idées sur le mariage et sur ce qui constitue le bonheur dans la vie. Voilà en tout cas, un bon point de départ. Afin de mieux connaître les valeurs et les attitudes que vous entretenez sur le mariage et le célibat, il vous suffit de répondre aux questions du prochain exercice. Essayez de diriger vos pensées dans d'autres directions que celles que vous avez coutume d'emprunter.

EXERCICE : Quelques sujets de réflexion

✓ Êtes-vous d'accord avec les résultats de certaines études qui concluent que les célibataires sont moins heureux que les gens mariés ?

✓ Le divorce est-il un échec ?

✓ La société devrait-elle encourager les gens à se marier ?

✓ Devrait-on épouser quelqu'un qu'on n'aime pas pour des raisons d'ordre économique ou dans le but d'avoir des enfants ?

✓ Devrait-on se marier à n'importe quel prix en révisant ses attentes à la baisse ?

Il n'y a pas de « bonne » réponse aux questions ci-dessus. Cet exercice a pour seul objectif de susciter une discussion sur vos valeurs et votre attitude face au mariage. Votre capacité à vivre pleinement votre vie de célibataire dépendra de la souplesse de vos opinions. Si vous pouvez remettre en question toutes vos valeurs conservatrices et traditionnelles et mettre en veilleuse les plus

> *Tous les mariages sont heureux. Les embêtements proviennent de la vie commune qui s'ensuit.*
>
> – Raymond Hull

dépassées, vous en arriverez à définir vos propres valeurs en tant que personne. Quelle que soit votre situation, vous tirerez plus de satisfaction si vous êtes simplement capable d'avoir une perspective plus positive sur le célibat et sur la qualité de vie qui va de pair avec le fait d'être libre de toute entrave.

LES AVANTAGES DU CÉLIBAT

✓ Vous n'avez pas à faire bonne figure devant des beaux-parents odieux.

✓ Vous n'avez pas à répondre de vos actes auprès de qui que ce soit.

Il convient de noter que même les gens qui sont heureux en ménage regrettent jusqu'à un certain point leur état antérieur. Les revendications classiques de la personne mariée qui regrette sa vie de célibataire prennent à peu près cette forme : « Avant de me marier, j'avais l'habitude de lire beaucoup et j'étais en superbe forme physique. Maintenant, il faut que je me débrouille avec une femme qui me reproche de ne pas lui consacrer suffisamment de temps, trois enfants et un travail où je me démène soixante heures par semaine ; ajoutez à cela les amis, les parents et les beaux-parents à qui il faut rendre visite, les courses et les corvées à faire durant les week-ends, et je n'ai plus une minute à moi pour faire les choses que j'aime vraiment ... »

En réponse à un sondage effectué par le magazine *Men's Health* qui demandait à ses lecteurs ce qu'ils voulaient dans la vie, l'un d'entre eux a répondu : « J'aimerais que mon contrat de mariage comporte une clause m'autorisant à être célibataire une semaine par an. » En effet, de nombreuses personnes mariées, même celles qui sont heureuses en ménage, ont la nostalgie de certains aspects de leur vie de célibataire. En discutant avec des gens mariés et heureux de l'être, j'ai découvert qu'ils regrettaient ce qui suit.

- ✓ L'époque où ils pouvaient lire.
- ✓ L'époque où ils participaient à des activités comme le cyclisme ou le tennis.
- ✓ L'époque où ils pouvaient rencontrer leurs amis célibataires.
- ✓ L'époque où ils pouvaient rechercher la solitude.

✓ L'époque où ils avaient plus d'espace à leur disposition.

✓ L'époque où ils pouvaient écrire, faire la sieste, méditer, etc., sans être dérangés.

> *Lorsqu'un homme ouvre la porte de sa voiture à sa femme, c'est qu'il s'agit soit d'une nouvelle voiture, soit d'une nouvelle femme.*
>
> – Le Prince Philip

Pour les personnes heureuses en ménage, le mariage est une bénédiction. Les éléments clés de ce genre d'union reposent sur le partage, l'intimité, l'appui mutuel, la communication, les compromis et la camaraderie. Les expériences agréables comprennent les sensations initiales d'attraction mutuelle, le fait de rire et de s'amuser ensemble, des relations sexuelles débridées, les réunions avec parents et amis, l'accumulation mutuelle de biens et la satisfaction d'élever des enfants. Un long mariage, heureux et réussi, est le moyen de découvrir les secrets de la vie avec quelqu'un qui vous est particulièrement cher. Certains mariages, comme ceux dont je parle dans les lignes qui suivent, ont duré plus longtemps que la moyenne.

> *Le mariage est le seul fléau pour lequel les hommes prient.*
>
> – Proverbe grec

DES MARIAGES DURABLES... MÊME À HOLLYWOOD

✓ Bob Hope et Dolores Reade sont mariés depuis plus de 60 ans.

✓ Jane Wyatt et Edgar Bethune sont mariés depuis 59 ans.

✓ Charlton Heston et Lydia Clarke sont mariés depuis 51 ans.

Même si nul règlement dictatorial n'interdit les unions d'une telle longévité, il faut avouer qu'elles sont de plus en plus rares. Les taux de divorce sont là pour attester les difficultés qu'il y a à considérer le mariage comme la voie royale du bonheur et de la réalisation de soi. En 1993, le Bureau américain du recensement prévoyait déjà que quatre mariages sur dix seraient voués à l'échec.

Mis à part la liberté d'aller et de venir, il y a de nombreuses choses que les célibataires doivent abandonner en se mariant. On dira que ces sacrifices en valent la peine si, en contrepartie, ces unions pouvaient assurer un épanouissement à long terme. Hélas ! Malgré tous les sacrifices auxquels les conjoints peuvent consentir, trop de mariages s'effondrent encore comme des châteaux de cartes. Aux États-Unis, depuis les quinze dernières années, pour deux couples qui se marient, un autre couple divorce. Dans un tel contexte, on comprendra facilement pourquoi de plus en plus de gens ne songent même pas au mariage.

> *Pour réduire le stress, évitez toute excitation. Passez davantage de temps auprès de votre conjoint ou de votre conjointe.*
> – Robert Orben

Ne pas être lié peut être une tragédie, mais le contraire peut être tout aussi vrai. Le mariage est censé être un remède universel qui redonne de façon spectaculaire un sens à nos vies. Se marier devrait nous assurer une vie rêvée, mais, malheureusement, rien ne prouve qu'une union nous garantisse le nirvana. Il ne faut jamais oublier que le mariage n'est pas une panacée pour la solitude et le découragement.

> *J'ai été marié deux fois et chaque fois, ce fut un échec. La première fois, ma femme m'a quitté. La seconde fois, elle est restée...*
> – Francis Blanche

Les raisons qui nous poussent à nous marier

Certains sociologues seraient portés à croire que les Nord-Américains se marient strictement pour des raisons économiques, politiques et sociales. L'anthropologue Helen Fisher s'inscrit en faux contre cette opinion en suggérant que de nombreux Américains se marient pour valoriser leur moi. Dans son livre *Anatomy of Love*, elle n'hésite pas à déclarer : « Nous nous marions par amour, mais aussi pour mettre en valeur, contrebalancer ou occulter certains pans de notre vie privée. » Fisher a peut-être raison pour certains Nord-Américains, mais il ne faudrait pas généraliser. Les gens sont différents et se marient pour une foule de raisons. En voici quelques-unes.

POURQUOI LES GENS SE MARIENT

✓ Pour avoir des enfants.

✓ Pour acquérir une sécurité financière.

✓ Pour faire plaisir aux parents et aux amis.

✓ Pour vivre une grande intimité.

✓ Pour surmonter l'ennui.

✓ Pour la cérémonie.

✓ Pour surmonter la solitude.

✓ Pour avoir des relations sexuelles régulièrement.

✓ Pour réussir par personne interposée.

✓ Pour oublier une liaison ou un précédent mariage.

✓ Pour partager sa vie avec quelqu'un.

✓ Pour que quelqu'un nous règle nos problèmes.

✓ Pour partager son bien-être avec quelqu'un.

✓ Pour avoir une conjointe ou un conjoint séduisant.

✓ Pour s'assurer la fidélité de quelqu'un.

✓ Pour satisfaire aux normes de la société, en croyant que les couples sont davantage valorisés que les célibataires.

Certaines des raisons ci-dessus sont positives et d'autres sont négatives ou discutables. Dans son livre *The Art of Living Single*, Michael Broder a dressé la liste des raisons qui poussent les gens à vouloir vivre en intimité avec quelqu'un. Selon lui, un mariage fondé sur des raisons positives se caractérise par le désir et non la peur de l'avenir ou le besoin. Parmi les raisons positives qui nous poussent à vouloir nous unir à quelqu'un, il cite le plaisir sexuel, le bien-être résultant de la compagnie d'un être aimé et la satisfaction de partager sa vie avec quelqu'un.

Les raisons négatives qui nous incitent à nous marier se fondent, quant à elles, sur la peur et la nécessité. Les personnes qui se marient dans de telles conditions ne satisferont que certains de leurs désirs. Broder nous fournit six raisons négatives de nous marier. Cinq d'entre elles consistent à meubler sa solitude, augmenter son estime de soi, satisfaire la croyance selon laquelle les couples sont davantage valorisés que les célibataires, provoquer la

N'épousez pas un homme pour le redresser. Les maisons de redressement sont faites pour ça...
– Mae West

jalousie d'un ancien partenaire et, enfin, se remettre d'un précédent échec matrimonial.

Dès qu'il est question de mariage, l'argent ne manque pas de pointer son museau. Cela surprendra bien des gens, mais la sixième raison négative de la liste de Broder est le besoin de s'assurer une stabilité financière. Se marier avec quelqu'un qu'on n'aime pas, « pour le sac », est loin d'être très productif à long terme. Se marier dans le seul but de se mettre à l'abri du besoin ne masquera vos ennuis que très temporairement et ne contribuera certainement pas à assurer une union solide à longue échéance.

La réalité est que certaines personnes se marient exclusivement pour l'argent. Une étude récente montre que neuf pour cent des Américaines sont prêtes à épouser un homme fortuné qu'elles n'aiment pas. Quiconque est sur le point d'épouser une personne aisée dans le seul but d'acquérir une sécurité financière devrait y penser deux fois. La même chose s'applique à la personne fortunée qui offre à quelqu'un la sécurité financière en échange d'une alliance. J'aurai l'occasion d'en reparler dans le chapitre IX.

> *Les femmes bernées par les hommes ne rêvent que de les épouser. Il s'agit là d'une vengeance qui en vaut bien d'autres.*
>
> – Philippe de Rémi Beaunonoir

Trop d'intimité peut nuire à un mariage

La recherche de l'intimité est l'une des raisons pour lesquelles les gens se marient. Il est ironique de constater par ailleurs qu'il s'agit là de l'une des raisons pour lesquelles les mariages tombent à l'eau. Faire de l'intimité la source du vrai bonheur est un phénomène relativement récent chez les êtres humains. Les générations qui nous ont précédés étaient trop occupées à gagner leur pain quotidien, elles s'intéressaient à trop de choses pour accorder la priorité aux rapports intimes, voire à la perfection en ce domaine.

La stabilité des mariages s'est trouvée minée par les attentes exagérées des conjoints. Dans son livre *Solitude*, Anthony Storr n'hésite pas à déclarer : « Si nous n'attendions pas du mariage qu'il soit la principale source de notre bonheur, bien moins de mariages finiraient dans les larmes. » Storr, un psychiatre britannique, est d'avis qu'au-delà des relations ce sont les intérêts que l'on a dans la vie qui donnent un sens à celle-ci. Au-delà de leurs relations interpersonnelles, les gens ont besoin d'autres sources d'épanouissement. Selon Storr, ce qui se passe dans l'esprit des gens lorsqu'ils sont seuls est primordial pour leur propre réalisation. Être capable de vivre seul reflète une sécurité de base qui prend une importance croissante lorsque l'on vieillit.

Dans le numéro de février 1995 de la revue *Psychology Today*, la psychologue Geraldine K. Piorkowski nous met en garde contre les attentes relatives aux relations interpersonnelles dans le mariage. Elle souligne entre autres que les préoccupations des gens concernant la notion d'intimité les portent à en exiger trop de choses, ce qui crée un impact négatif. Ceux et celles qui ne recherchent qu'un certain degré d'intimité dans leurs rapports sont beaucoup plus heureux que les gens qui s'attendent à une intimité parfaite. Elle souligne d'ailleurs que ces attentes concernant l'intimité ne sont pas naturelles.

LES AVANTAGES DU CÉLIBAT

✓ Vous pouvez faire du jogging dans votre appartement.

✓ Vous pouvez manger de la pizza pendant un mois d'affilée.

✓ Vous évitez les embrouillaminis familiaux.

Piorkowski affirme également que non seulement l'intimité absolue est très difficile à réaliser, mais qu'elle peut aussi se révéler nuisible. Le problème réside dans le fait que les relations intimes sont sujettes à beaucoup d'exigences émotionnelles de la part d'un grand nombre d'individus. Les femmes espèrent que leur partenaire sera non seulement l'amant idéal, mais aussi l'ami, le compagnon, le complice, le parent, et Piorkowski précise que ces espoirs s'appliquent aussi bien aux hommes. Enracinées dans notre culture, de telles attentes poussent les gens à considérer leur partenaire comme la solution à tous leurs problèmes.

Ces attentes peu réalistes de la part des conjoints contribuent à augmenter le taux du divorce. Trop de gens pensent que leurs partenaires sont nuls parce qu'ils n'atteignent pas les objectifs irréalistes qui leur ont été fixés. Piorkowski fournit des preuves de la limite d'intimité que des partenaires bien équilibrés peuvent tolérer. Les personnes saines ont besoin de solitude pour être créatives et productives.

Êtes-vous marié ?

À l'occasion...

La plupart des propos de Mme Pierkowski corroborent ceux d'Anthony Storr. En d'autres termes, les gens devraient prendre plus de temps pour se ressourcer. Ils devraient s'impliquer dans des relations plus étroites mais non sentimentales, ainsi que dans d'autres activités comme l'acquisition de nouvelles connaissances, le développement spirituel, ou encore tenter de trouver des solutions aux problèmes sociaux qui sont légion dans le monde. Considérer le mariage comme la source de toutes les satisfactions et de tout le bonheur possible peut d'ailleurs porter préjudice à cette institution.

Le piège de la « Reine d'un jour »

Pendant longtemps, je n'ai pu m'expliquer pourquoi certaines de mes anciennes petites amies, à qui je n'avais pas parlé depuis un an ou deux, me téléphonaient soudainement pour m'annoncer qu'elles se mariaient. Dans la plupart des cas, elles ne m'invitaient même pas à leur mariage. Par contre, elles se disaient prêtes à me rencontrer après l'événement pour prendre un café ou jouer une partie de tennis. À de rares exceptions près, je n'entendis plus jamais parler d'elles. Ce comportement singulier m'intriguait au plus haut point, surtout que ces femmes m'appelaient après m'avoir laissé pendant un ou deux ans sans nouvelles.

C'était avant que je ne lise un article sur le phénomène dit de la « Reine d'un jour ». Il s'agissait là d'une hypothèse qui en valait bien d'autres. Pour beaucoup de femmes (les hommes sont beaucoup moins sensibles à cette manifestation), la cérémonie nuptiale en soi est aussi importante que le fait de s'engager dans la vie d'épouse. C'est particulièrement vrai pour les jeunes femmes célibataires qui ne cessent de rêver de mariage et, en particulier, de préparatifs et de céré-monies, car elles ont été conditionnées à penser ainsi. Pour leur part, les hommes ne grandissent pas en étant obnubilés par leur mariage ou par l'allure qu'ils auront dans leur tenue de jeune marié. Pendant les trois au quatre semaines précé-dant la cérémonie, c'est la jeune mariée qui attire toute l'at-tention et qui fait l'envie de toutes les jeunes femmes de son entourage, et cela dure jusqu'au jour J. Par contraste, l'intérêt des gens converge beaucoup moins sur le jeune marié.

> *Épouser un homme, c'est comme acheter quelque chose que vous avez admiré longtemps dans une vitrine. Vous l'aimez peut-être, mais lorsque vous le ramenez chez vous, vous vous apercevez qu'il ne s'intègre pas toujours à votre intérieur.*
>
> – Jean Kerr

Pour certaines femmes, toute cette attention est bien plus importante que le mariage proprement dit, car l'importance de la cérémonie annonce à la face du monde qu'elles ont atteint leur objectif. C'est sans doute pourquoi mes anciennes petites amies, dont je n'avais plus entendu parler depuis longtemps, se faisaient un point d'honneur de me téléphoner pour m'annoncer qu'elles se mariaient et, en d'autres termes, qu'elles avaient réussi. Pour bien des femmes, se faire conduire à l'autel signifie qu'elles se transforment en reine d'un jour. Prenons par exemple la chanteuse Céline Dion qui, en 1994, a épousé à 26 ans son imprésario de longue date, René Angélil, âgé de 51 ans. Les médias annoncèrent que le mariage avait coûté 500 000 $ et qu'il s'agissait là d'un événement médiatique québécois équivalent à celui d'une cérémonie princière. Je doute beaucoup qu'Angélil ait vrai-ment souhaité un battage de cette ampleur, surtout lorsqu'on sait qu'il en était à son troisième mariage. En parlant de cet événement d'un luxe tapageur, Céline Dion n'hésita pas à le qualifier de « spectacle de sa vie ». Un autre exemple est le mariage du joueur de hockey Wayne Gretsky et de Janet Jones, qui coûta l'équivalent de la rançon d'un roi. Là encore, je serais prêt à penser que Janet Jones souhaitait davantage un mariage de ce genre que le célèbre champion.

Se marier dans le seul but d'être reine d'un jour (ou roi d'un jour, s'il existe des hommes pour qui le mariage prend une telle importance) constitue en soi une piètre raison de se marier. Convoler parce que les parents et la société vous y poussent est également une raison sans fondement. Si deux personnes s'aiment et veulent se marier, qu'elles le fassent, bien sûr. Une cérémonie m'as-tu-vu, d'un luxe tapageur, n'est pas vraiment indispensable. Ces manifestations d'un goût douteux nous fournissent des indications sur l'importance que les gens accordent au fait d'éblouir et d'impressionner leurs semblables pour bien leur montrer qu'ils ont joué gagnant à la loto du mariage ou, dans le cas de bien des vedettes, dans un but purement commercial et médiatique.

Il y a peu de temps, Helen Lawrenson écrivait dans l'influent magazine *Esquire* : « Très peu de femmes modernes aiment ou désirent le mariage, tout particulièrement après la célébration de la cérémonie. Les femmes recherchent avant tout

> *Toute femme intelligente qui prend connaissance des clauses d'un contrat de mariage et qui se marie quand même doit en assumer toutes les conséquences.*
>
> – Isadora Duncan

de l'attention et de l'affection. Elles n'acceptent le mariage que lorsqu'il n'existe pas d'alternative. » Une chose est sûre : si une femme ne se marie que pour la cérémonie ou pour être reine d'un jour, elle ne prend aucunement en considération tous les autres éléments qui doivent entrer en compte dans la réussite d'un mariage. Une fois les réjouissances passées, l'union pourrait fort bien commencer à se désagréger.

Se marier pour avoir des enfants : vénérable, mais discutable

Avoir des enfants et les élever est l'une des principales raisons de se marier. Se marier jeune pour avoir une progéniture est une tradition ancrée depuis la nuit des temps. Voilà seulement un siècle, les agriculteurs avaient coutume de se marier très tôt et d'avoir beaucoup d'enfants qui les aidaient à travailler la terre. Il s'agissait là d'une sorte de vénérable rituel tribal qui avait sa raison d'être à l'époque. Aujourd'hui, cela n'a guère de sens mais, dans nombre de nos sociétés occidentales, nous continuons à nous conformer à cette habitude.

Nous savons que nos habitudes de consommation et la densité démographique contribuent à détruire notre environnement. En février 1994, une étude soumise lors de la Conférence américaine pour l'avancement des sciences

LES AVANTAGES DU CÉLIBAT

✓ Nul besoin de feindre la bonne humeur lorsque ce n'est pas le cas.

✓ Vous n'avez pas à attendre que la salle de bain soit libre.

concluait que si l'on voulait que tous les êtres humains puissent vivre décemment, la présente population mondiale de six milliards d'individus devrait chuter de 67 pour cent pour se stabiliser à quelque deux milliards. Si la natalité continue à progresser au rythme actuel, la population de la terre atteindra entre douze et quinze milliards d'individus d'ici 2100. Au cas où le dessein de se marier pour avoir des enfants demeurerait l'objectif principal de notre existence, il nous faudrait sans aucun doute le remettre de plus en plus en question dans l'avenir.

Je ne connais pas de méthode idéale pour contrôler la croissance de la population. Si nous voulons vraiment régler le problème, il existe certainement bien des possibilités, mais ce n'est certainement pas en encourageant les gens à se marier dans le but principal d'augmenter la population du globe. Il est clair que les gens sans enfants contribuent de manière importante à améliorer l'écologie de la planète. Les célibataires et les gens mariés qui n'ont pas de descendance rendent un fier service à notre brave Terre, car si cette dernière continue à se détériorer au rythme actuel à cause de la surpopulation, la société devra verser des primes à ceux et celles qui ont choisi de ne pas donner la vie. Si le monde tient à survivre, le couple sans enfant risque de devenir la règle plutôt que l'exception.

Les gens qui disent dormir comme des bébés n'en ont généralement aucun chez eux.

– Leo J. Burke

Imputer les problèmes de surpopulation aux pays du Tiers-Monde, comme se plaisent à le faire certains Nord-Américains est un moyen de fuir ses responsabilités. Un enfant né en Amérique du Nord consommera 23 fois plus de ressources naturelles qu'un enfant du Tiers-Monde. Un couple qui a trois enfants en Amérique du Nord exerce le même effet sur l'épuisement des ressources naturelles que dix couples

Le couple est l'entité la plus égoïste au monde
– Un sage anonyme
(cité par le magazine du *Washington Post*)

totalisant 69 enfants dans le Tiers-Monde. Certains membres de la communauté scientifique affirment que si tout le monde voulait vivre au même niveau que l'Amérique du Nord, la moitié de la terre crèverait de faim.

Les couples mariés sans enfants sont-ils moins heureux que ceux qui en ont ? Il ne faut pas croire que les personnes âgées qui n'ont jamais eu d'enfants sont plus seules ou moins heureuses que les autres. Carin Smith, rédactrice en chef du bulletin trimestriel *Children By Choice*, expliquait en 1994 dans la revue *New Choices* : « La grande majorité des personnes âgées sans enfants ne se sentent pas seules ou n'éprouvent pas de regrets. En fait, plus de dix pour cent de toutes les femmes de plus de soixante ans qui n'ont jamais eu d'enfants ne pourraient pas être plus heureuses. »

> *Lorsqu'on lui demanda pourquoi il n'était pas devenu père, Thalès répondit : « C'est parce que j'aime les enfants… »*
>
> – Diogène Laërce

« Jusqu'à ce que l'infidélité et l'ennui nous séparent… »

On se marie pour avoir des relations sexuelles illimitées et un partenaire fidèle. En théorie, voilà deux raisons parfaitement légitimes qui, en pratique, sont toutes deux discutables. La sagesse traditionnelle nous laisse entendre que la sexualité se pratique de manière si fréquente et si épanouie dans la plupart des mariages que seuls les célibataires privés de relations sexuelles ou encore les mal mariés ont recours à la masturbation. Menée par trois sociologues universitaires et un journaliste du *New York Times*, une étude très sérieuse sur les pratiques et les attitudes sexuelles intitulée *Sex in America*, vient contredire la pensée traditionnelle. Le rapport, publié au cours de l'automne 1994, précisait : « Près de 85 pour cent des hommes et 45 pour cent des femmes qui vivaient avec une ou un partenaire sexuel avouaient s'être masturbés au cours de l'année précédente. » On découvrit à l'issue de cette étude que les gens mariés se masturbaient davantage que ceux qui vivaient seuls.

> *Le mariage est le triomphe de l'imagination sur l'intelligence. Lorsqu'on se marie une seconde fois, c'est le triomphe de l'espoir sur l'expérience.*
>
> – Un sage anonyme

Vous vous surprendrez peut-être du fait que les gens mariés se masturbent davantage que les célibataires. Quelle est la raison de ce comportement ? Si j'étais optimiste, je dirais que les personnes sexuellement actives et non inhibées peuvent se livrer à d'autres activités connexes au lieu de se cantonner au bon vieil acte traditionnel, et que la masturbation peut enrichir leurs fantasmes et donc, leurs relations interpersonnelles[10]. En réalité, c'est peut-être que leur vie sexuelle de couple est tellement routinière et médiocre que même le plaisir solitaire lui est supérieur. Il se pourrait aussi que les rapports sexuels soient si rares que l'onanisme représente un ersatz acceptable...

La fréquence et la qualité de la vie sexuelle de bien des époux sont loin d'être idéales. Dans les années soixante, un groupe d'individus a fondé le *Sex Information and Education Council of the United States* ou SIECUS, car on s'était aperçu qu'un mariage sur deux souffrait de problèmes d'ordre sexuel. Selon une lettre émise à l'occasion d'une collecte de fonds du SIECUS, datant de 1979, la sexualité conjugale baigne dans la peur, la culpabilité, le sectarisme, les idées fausses ; ses auteurs affirment que si les Américains voulaient vraiment régler leurs problèmes dans ce domaine, il leur faudrait les exposer avec franchise.

Les problèmes sexuels persistent dans les relations intimes des gens. Au cours d'une étude menée par l'Institut Roper, on a découvert que 50 pour cent des hommes déclaraient être très satisfaits de leur vie sexuelle et que 44 pour cent d'entre eux estimaient que leur partenaire l'était aussi. Seulement 56 pour cent des femmes se déclaraient très satisfaites

Je viens d'apprendre que notre nouveau voisin, M. Salim, fait l'amour deux fois par jour avec sa femme. Pourquoi ne fais-tu pas comme lui ?

Laisse-moi un peu de temps ; je n'ai pas encore eu l'occasion de la rencontrer...

---

10. Ce qui faisait dire à un loustic qu'une masturbation bien conduite valait mieux qu'un coït banal. Au début des années soixante-dix, deux sexologues québécois, MM. Desjardins et Crépeault, de l'UQAM, publiaient aux Éditions de l'Homme, à Montréal, un livre abondant dans ce sens : *Le Mythe du péché solitaire*. (N.d.T.)

et pensaient que 60 pour cent de leurs partenaires l'étaient. Cela signifie que 50 pour cent des hommes et 44 pour cent des femmes ne sont guère satisfaits de leur vie sexuelle.

J'ai entendu une bonne histoire sur la chaîne anglaise de Radio-Canada : il y était question des problèmes qu'éprouvait Mme Coolidge avec son mari, le treizième président des États-Unis. Cette dame trouvait en effet que son mari n'était pas très performant sur le plan sexuel. Un jour, alors qu'elle visitait une ferme en compagnie de l'adjoint de son époux, elle remarqua qu'un certain coq semblait particulièrement porté sur la chose. Après avoir appris que ce volatile pouvait se dépenser ainsi plusieurs fois par jour, Mme Coolidge ordonna à l'adjoint : « Allez donc raconter ça à M. Coolidge... »

> *Marius, je te le dis, peuchère : ta femme nous trompe...*
>
> – Histoire marseillaise

Le fidèle assistant retransmit ces propos à son patron en lui en précisant la source. Surpris de ce que le fameux coq puisse réaliser de tels exploits, le président demanda à son interlocuteur si le gallinacé accomplissait ainsi, à répétition, son devoir de mâle avec la même partenaire. « Bien sûr que non ; c'est à chaque fois une nouvelle poule... » répondit l'adjoint. L'homme d'État se contenta de rétorquer : « Allez donc raconter ça à Madame Coolidge... »

Tout comme le coq de l'histoire, certaines personnes pimentent leur vie et accomplissent davantage leur sexualité en ayant plusieurs partenaires. On choisit d'être monogame en s'attendant à ce que son partenaire soit fidèle sur le plan sexuel. La réalité veut que l'infidélité soit assez commune dans les relations monogames. En effet, un nombre appréciable de Nord-Américains partagent leur énergie sexuelle avec plus d'une personne. La monogamie est normale mais l'infidélité aussi, ce qui semble être une contradiction. Toutefois, la définition de la monogamie se lit comme suit dans le dictionnaire Robert : « Régime juridique en vertu duquel un homme ou une femme ne peut avoir plusieurs conjoints en même temps. » Cette définition ne garantit pas pour autant la fidélité inconditionnelle des conjoints en question.

Un sondage récent paru dans le magazine *Flair* indique que 29 pour cent de ses lecteurs trompent leur femme. D'autres études font état de chiffres différents. Une chose est sûre : les Nord-Américains et les Nord-Américaines ne se gênent pas pour donner des coups de canif dans leur contrat de mariage. Leur pourcentage est toutefois moins certain, car les chiffres résultant des études varient tellement qu'il est difficile de s'accorder.

Les gens ont des expériences extramaritales pour des raisons qui ne relèvent pas forcément de la sexualité. L'étude du magazine *Flair* citée plus haut indique que 41 pour cent des personnes qui trompent leur conjoint le font d'abord pour des questions d'attirance physique. Vingt pour cent imputent leur acte à la consommation d'alcool ou de stupéfiants, et 16 pour cent au besoin de se venger. Voici certaines des raisons que femmes et hommes donnent pour justifier une aventure amoureuse.

> *Je pense qu'un homme peut avoir deux ou trois liaisons pendant son mariage. Trois au grand maximum. Après cela, vous êtes infidèle.*
>
> – Yves Montand

POURQUOI TROMPE-T-ON SON CONJOINT ?

✓ À cause d'un désir irrépressible.

✓ Pour rechercher une plus grande intimité.

✓ Pour se valoriser.

✓ Pour pimenter sa vie.

✓ Pour mettre de la variété dans ses rapports.

✓ Pour établir son indépendance.

✓ Pour prouver que quelqu'un d'autre nous désire.

✓ Pour se venger de son conjoint.

✓ Parce que son conjoint est allergique à l'amour.

✓ Pour s'extirper de la grisaille d'un mariage insipide.

Si quelqu'un souhaite torpiller une histoire d'amour, il lui suffit de tromper son ou sa partenaire, ce qui comprend se désintéresser de tout contact sexuel, mentir ou ne lui accorder aucune attention. L'infidélité cause de sérieux problèmes dans une relation maritale. Dès que le partenaire trompé s'en aperçoit, cela finit souvent par un divorce. L'infidélité expose les hommes à un danger supplémentaire : publiées dans le *Longevity Magazine* de janvier 1995, certaines études

> *Les mères aiment davantage leurs enfants que ne les aiment les pères, car du moins ont-elles la certitude qu'ils sont bien d'elles.*
>
> – Aristote

indiquent que jusqu'à 13 pour cent des enfants n'ont peut-être pas été conçus par celui qui se croit leur père. Comme le dit un adage populaire : « Maman, c'est sûr ; papa, peut-être... »

Que vaut la fidélité dans un mariage lorsque l'argent entre en ligne de compte ? Après le lancement du film *Proposition indécente*, mettant en vedette Demi Moore et Robert Redford[11], l'Institut Roper effectua un sondage auprès de 504 personnes pour savoir la valeur qu'elles accordaient à la fidélité. Sept et demi pour cent d'entre elles se déclarèrent prêtes, ainsi que leur conjoint ou leur conjointe, à avoir des relations sexuelles avec un ou une autre partenaire en échange d'un million de billets verts. Treize pour cent répondirent qu'elles ne savaient pas ou qu'elles ne voulaient pas se prononcer. Cela signifie que 15 à 20 pour cent des sondés étaient prêts à jouer le jeu pour regarnir grassement leur compte en banque.

LES AVANTAGES DU CÉLIBAT

✓ Si vous rencontrez quelqu'un et que vous tombez amoureux, vous n'aurez pas à vivre de conflit.

✓ Vous n'avez pas à ouvrir un compte en banque conjoint.

Notons en passant que tous ceux et celles qui recherchent des aventures n'entretiennent pas forcément des relations maritales tristounettes. Il existe des gens qui prétendent avoir d'excellentes relations de couple et qui ne se gênent pas pour tromper leur partenaire, au risque de saborder leur union, leur stabilité émotionnelle et leur carrière. Même si l'infidélité est cause de douleur et de culpabilité chez les personnes concernées, les liaisons extramaritales sont chose commune. Si l'on se fie aux résultats d'un autre sondage qui a paru le 1er juin 1987 dans la publication *Mariage and Divorce Today*, la plupart des relations maritales se gâtent à un moment donné puisque 70 pour cent de tous les Américains mariés ont eu une aventure au cours de leur vie de couple.

Un compromis moins que satisfaisant

Conseillers matrimoniaux, psychologues et psychiatres ont régulièrement affaire à des hommes et à des femmes qui

---

11. Ce film, lancé en 1992, raconte l'histoire d'un jeune couple de « yuppies » (jeunes professionnels urbains) ruinés qui, pour une nuit, acceptent la proposition d'un play-boy flambeur qui leur offre « d'emprunter » la jeune femme en échange d'un million de dollars. (N.d.T.)

s'accommodent plus ou moins bien d'un mariage bancal ou inintéressant. Des relations aussi ternes poussent souvent les conjoints à rechercher à l'extérieur de leur foyer des compensations d'ordre émotionnel ou sexuel.

Certaines personnes se marient avec des partenaires qui leur apportent beaucoup moins que ce à quoi ils s'attendaient. Le couple n'est plus composé d'âmes sœurs, mais de colocataires. J'appelle ce genre de relation un « compromis moins que satisfaisant ». Cette convention peut également résulter d'une union heureuse ayant mal tourné et peut comporter l'une ou l'autre de ces caractéristiques :

✓ L'un des partenaires n'aime pas l'autre.

✓ Les deux partenaires ne s'aiment pas.

✓ L'un des partenaires (ou les deux ensemble) éprouve un grand vide et se trouve substantiellement malheureux.

LES AVANTAGES DU CÉLIBAT

✓ Nul besoin de se demander à quelle religion la famille doit adhérer.

✓ Vous n'avez pas besoin de justifier comment vous dépensez votre argent.

On accepte un compromis moins que satisfaisant pour une foule de raisons. Les unions de ce genre surviennent parce que les gens sont programmés pour penser qu'il est naturel d'être marié et contre nature d'être célibataire. Certaines personnes se marient pour faire plaisir aux parents et aux amis. D'autres se disent qu'il vaut mieux être avec quelqu'un que d'être seul. Ce type d'union boiteuse peut aussi être le fruit d'un mariage où l'on se fait conduire à l'autel un fusil dans les reins pour satisfaire aux pressions parentales et sociétales ; le couple a donc l'impression que se marier est le meilleur choix à faire.

Parfois, des femmes et des hommes épousent aussi des partenaires qu'ils n'aiment pas afin d'avoir des enfants. Ils désirent le bonheur des enfants à naître ou désirent dans certains cas perpétuer leur patronyme. Étant donné que nul partenaire satisfaisant n'est disponible pour tomber amoureux, on se rabat sur quelqu'un qui est libre.

D'autres encore acceptent un compromis moins que satisfaisant parce qu'ils ont une piètre estime d'eux-mêmes et qu'ils ne veulent pas être considérés comme des gens incapables de trouver chaussure à leur pied. L'idée qu'être en couple est beaucoup plus valorisé qu'être seul et le désir de surmonter une piètre estime de soi représentent deux motivations négatives pour se marier. C'est ce que soutient le psychologue Michael Broder dans *The Art Of Living Single*. Les femmes comme les hommes acceptent un compromis parce qu'ils tiennent à ce que quelqu'un s'occupe d'eux ou encore pour se sentir en sécurité. Cette histoire de compromis moins que satisfaisant n'est rien d'autre qu'un canular et peut se révéler autodestructeur. Au lieu de la sécurité que l'on recherche à tout prix, ce type de mariage ne vous garantit que la captivité sous une forme ou sous une autre. La réalité, c'est que plus l'on demeure dans cet inconfortable compromis, plus il est difficile de s'en dégager plus tard.

Le problème qui existe quand on fait un compromis moins que satisfaisant, c'est que s'il permet de garder ses distances avec les éléments négatifs, il éloigne également ceux qui sont positifs. Un mariage comportant de piètres compromis représente l'établissement d'une frontière plutôt que des possibilités enthousiasmantes. Dans ce genre d'union, on se dit que tout cela pourrait être pire, mais on occulte en même temps le fait que tout cela pourrait aussi être mieux. Vous perdez ainsi l'occasion de faire un mariage établi sur les meilleures bases possibles, ce qui enrichirait votre vie et la rendrait beaucoup plus satisfaisante. En réalité, mieux vaut être célibataire que de se satisfaire au départ d'un mariage miné par les compromis.

> *Dans l'Antiquité, les sacrifices étaient consommés sur un autel – un rituel qui n'a guère changé de nos jours.*
>
> – Helen Rowland

Conjoints gagnants ou conjoints perdants ?

Certaines personnes continuent à jouer au jeu du mariage, peu importe le nombre de fois où elles ont pu divorcer dans le passé. Les psychiatres Michael Liebowitz et Donald Klein, de l'Institut de psychiatrie de l'État de New York, surnomment ces spécialistes du mariage à répétition les « camés de la séduction ». Ces mordus assoiffés d'amour choisissent régulièrement des partenaires qui ne leur conviennent pas, ce qui mène à des ruptures et au découragement. Certains de ces mariages ne durent guère. En voici trois exemples pris chez des célébrités américaines moins connues, mais qui n'en devinrent pas moins championnes du mariage éclair.

TROIS RECORDS DE BRIÈVETÉ

✓ Jean Arthur et Julian Anker restèrent mariés une seule journée.

✓ Patty Duke et William Tell le restèrent 13 jours.

✓ George Brent et Constance Worth firent durer le plaisir 35 jours.

> *Pourquoi une femme s'évertue-t-elle à changer les habitudes d'un homme pendant dix ans pour ensuite se plaindre que ce n'est plus là l'homme qu'elle a épousé ?*
>
> – Barbara Streisand

La raison de tels désastres réside peut-être dans le fait que certains individus semblent attirés en permanence par des personnes qui ont le don de ne pas leur convenir (à moins que ce ne soient eux qui les attirent). On trouve plus de 3 600 000 Américains qui se sont mariés trois fois ou plus. Le sociologue Steven Hock est d'avis que certaines personnes n'apprendront jamais et qu'elles tendent à choisir des partenaires discutables, ce qui expliquerait le taux élevé de divorces et de remariages. Parmi les erreurs qu'il cite, en voici quelques-unes :

✓ Épouser une personne sans emploi.

✓ Épouser quelqu'un d'une religion différente de la vôtre.

✓ Épouser quelqu'un dont l'instruction diffère grandement de la vôtre.

Même si, aux États-Unis, on remarque que le taux du divorce semble être plus élevé lorsque les partenaires proviennent de milieux ethniques, religieux ou socio-économiques différents, le sociologue Martin Whyte doute que ces facteurs soient

> *J'aimerais me marier, car je souscris à l'idée que la loi puisse prescrire à un homme de partager ma couche tous les soirs.*
>
> – Carrie Snow

très importants de nos jours et les trouve même négligeables. Il soutient que les facteurs responsables de l'instabilité matrimoniale résident dans les différences significatives qui peuvent exister dans les personnalités des conjoints, leurs valeurs, les choses auxquelles ils s'intéressent, leurs activités de loisirs et leurs amis. Whyte a également découvert que se marier très jeune augmente les risques de divorce. Dans les cas types, le divorce survient pendant la quatrième année du mariage et son risque diminue avec les années. Les raisons pour lesquelles les gens divorcent sont nombreuses...

LES CAUSES LES PLUS COURANTES DU DIVORCE

✓ Infidélité de l'un des conjoints

✓ Ennui

✓ Mauvais traitements mentaux et physiques

✓ Jalousie

✓ Malhonnêteté d'un conjoint

✓ Découverte de l'homosexualité de l'un des conjoints

✓ Conjoint devenu alcoolique ou drogué

✓ Conjoint peu ou pas intéressé par la sexualité

✓ Conjoint obnubilé par la télévision

✓ Manque de communication

✓ Disputes et querelles constantes

✓ Problèmes financiers

✓ Infertilité d'un conjoint

✓ Manque de sensibilité

Soulignons par ailleurs que lorsque les gens se séparent et divorcent, ils n'abandonnent pas pour autant le mariage, mais un mariage en particulier. Tout comme les quatre millions d'Américains qui se sont mariés trois fois et plus, les célébrités ci-dessous nous rappellent cet état de fait.

QUELQUES VEDETTES DE HOLLYWOOD ADEPTE DU MARIAGE

✓ Mickey Rooney s'est marié huit fois.

✓ Elizabeth Taylor s'est mariée huit fois, dont deux avec Richard Burton.

✓ Lana Turner s'est mariée huit fois.

✓ Jennifer O'Neill s'est mariée sept fois[12].

Ces stars ne détiennent pas toutefois le record des mariages aux États-Unis. Le livre Guinness des records cite une certaine Linda Essex, de l'État d'Indiana, qui décroche le record des mariages monogames, ayant convolé 22 fois. Elle avait commencé ce marathon en 1957. Le record masculin est détenu par un ancien pasteur baptiste californien, Glynn (Scotty) Wolfe, qui s'est marié pas moins de 27 fois ! Il n'en est pas très sûr, mais il pense avoir quelque chose comme 41 enfants.

Steven Nock suggère d'appeler les gens qui s'obstinent à se remarier après une succession d'échecs les « loosers (ou perdants) maritaux ». Mais soyons justes. Steven Nock est-il sur la bonne voie ? S'il est vrai qu'il existe 3 600 000 Américains qui en sont à leur troisième mariage et plus, il existe deux façons d'envisager le problème. D'un côté, ces « divorcés remariés » peuvent être considérés comme ayant échoué à trois reprises. En Amérique du Nord, de nombreuses personnes estiment que seul un mariage qui dure toute une vie peut être considéré comme une réussite ; elles associent donc le divorce à un échec.

D'un autre côté, certains observateurs envisagent le divorce sous un angle différent. Se marier pour la quatrième fois ne signifie pas qu'on ait commis trois erreurs. En effet, ce « perdant » ou cette « perdante » peut fort bien considérer que tous ses mariages précédents ont été des réussites. Pourquoi seul un mariage éternel aurait-il le monopole du succès ? Un mariage qui se termine au bout de quatre ans peut se révéler une réussite si les deux partenaires ont été parfaitement heureux pendant trois ans avant de connaître des difficultés maritales majeures. Une telle union peut en fait être considérée comme une plus grande réussite qu'un mariage à

On raconte qu'aux États-Unis quatre-vingts pour cent des hommes trompent leur femme...

Je sais... et les vingt pour cent qui restent vont tromper leur femme à l'étranger !

---

12. Toujours dans le milieu du spectacle, il y a en France le cas du producteur de disques Eddy Barclay, qui s'est marié une dizaine de fois au moment où ces lignes sont écrites. (N.d.T.)

couteaux tirés qui a duré quarante ans, et au cours duquel les partenaires ont été malheureux.

Que faire lorsque le mariage a du plomb dans l'aile ?

Bien des mariages perdent des plumes pour une raison ou une autre. Il y a d'abord le cas de ces partenaires qui ne pouvaient pas attendre pour se mettre en ménage et partager la même couche. Cependant, après quelques années – parfois, un mois suffit –, certains mariages prennent du plomb dans l'aile et amorcent une chute en piqué. Les partenaires ont alors

> *Le mariage est ce miracle qui transforme le plaisir d'un baiser en une corvée.*
>
> – Helen Rowland

mille bonnes raisons pour expliquer pourquoi leur mariage n'était pas une bonne idée au départ et pourquoi il n'aurait jamais dû avoir lieu.

Certains couples se développent à deux, mais d'autres progressent chacun de leur côté. Si tel est le cas, il en résulte un mariage boiteux, bien plus pénible que le fait de vivre seul. Le mariage n'est pas un remède miracle pour compenser la solitude ou le peu d'estime que l'on se porte. Bien des couples qui vivent ensemble sont comme ces voies de chemin de fer parallèles qui se rendent dans la même direction mais ne se touchent jamais. De telles unions ne peuvent qu'encourager les gens à rechercher davantage la solitude et à se dévaloriser encore plus que s'ils étaient restés célibataires. Bien des époux continuent à entretenir des relations pendant des années, alors que toute satisfaction de vivre ensemble a disparu. Voici les raisons qui poussent les gens à persister dans un mariage bancal, terne, qui subsiste grâce à des compromis insatisfaisants.

RAISONS QUE DONNENT LES GENS POUR PROLONGER UN MARIAGE BANCAL

- ✓ Mes parents seraient fâchés et ne me respecteraient plus.
- ✓ J'ai peur de me retrouver seul(e).
- ✓ Je serais incapable de survivre par moi-même.
- ✓ Que diraient mes amis ?

✓ Tout le monde me dit que c'est un excellent parti.

✓ Je ne pourrais probablement jamais trouver quelqu'un d'autre.

✓ J'aurais moins d'argent.

✓ Peut-être s'améliorera-t-il (ou elle) avec le temps ?

✓ Les enfants souffriraient de notre séparation.

✓ Il faudrait que je me considère comme un raté ou une ratée.

LES AVANTAGES DU CÉLIBAT

✓ Un cadeau d'anniversaire et un cadeau de Noël de moins à donner.

✓ Vous n'avez pas à vous soucier d'une rupture éventuelle.

Certains psychologues soutiennent que les raisons invoquées pour rester ensemble dans un tel contexte sont loin d'être raisonnables et ne procurent aucune joie. Aussi recommandent-ils aux partenaires de se séparer. Toutefois, avant de faire le saut, ils devraient lire Michele Weiner-Davis qui, dans *Divorce Busting*, soutient que la plupart des mariages peuvent être rescapés si l'un des deux partenaires le souhaite – le tout sans l'intervention d'un thérapeute ou d'un conseiller. Mme Weiner-Davis est convaincue qu'il est possible de réintroduire un peu de romantisme dans la plupart des mariages, et que la créativité et la spontanéité peuvent grandement contribuer à éviter la casse.

Le célibat peut être la seule alternative à certaines unions malheureuses. Remarquez que je ne tiens pas à vanter exagérément les avantages du célibat. Des mariés malheureux peuvent entretenir les mêmes espoirs de bonheur sur le divorce et le célibat qu'ils le faisaient à propos de leur hymen. Les aspects positifs de cet état sont la liberté, l'aventure et la mobilité. Bien entendu, il existe aussi des aspects négatifs. Pour certains individus, la vie de célibataire peut paraître beaucoup plus excitante qu'elle ne l'est. Il est courant que des mariés déçus idéalisent le célibat dans une perspective un peu trop romantique.

Vivre seul n'est pas le nirvana et ne devrait aucunement être considéré par les mal mariés comme la clé de la félicité totale. Pou un habitué du mariage, redevenir célibataire peut exiger beaucoup d'énergie et provoquer beaucoup d'anxiété. En divorçant, les choses peuvent en fait se révéler pires que meilleures.

Certaines relations constituent des cas désespérés. Elles sont si mauvaises qu'il est impossible de les améliorer, ne serait-ce que pour les amener à un niveau acceptable. Bien des psychologues s'entendent pour dire qu'en pareil cas mieux vaut ne pas entretenir de relations que d'en avoir d'aussi mauvaises. Croire qu'il vaut mieux avoir n'importe quel partenaire vaut mieux que de ne rien avoir du tout réduit les chances d'entretenir une relation valable avec quelqu'un d'autre. En règle générale, entretenir de mauvaises relations jusqu'à ce que l'on en trouve de meilleures ne fonctionne pas. La personne risque de demeurer coincée à perpétuité dans sa relation négative.

> *Les célibataires en savent davantage sur les femmes que les hommes mariés. Si tel n'était pas le cas, ils se seraient également mariés.*
>
> – H.L. Mencken

Quelquefois, après avoir investi beaucoup de temps et d'énergie dans un mariage qui ne fonctionne pas, décrocher peut se révéler la seule issue pour retrouver le bonheur et le respect de soi. Cette décision exige une bonne dose de courage, car modifier son état civil peut se révéler difficile, voire traumatisant. À longue échéance, cette solution peut cependant être la meilleure et le célibat, se révéler la solution à votre problème.

Se marier ou demeurer célibataire ? De toute façon, vous regretterez votre décision !

Décider qui, des célibataires ou des gens mariés, sont plus heureux est un sujet de discussion ouvert à toutes les controverses. On en discute depuis belle lurette puisque déjà, dans le *People's Almanac* de 1895, on trouve un article coiffé du titre suivant : « Comment être heureux, même marié ». Certaines études affirment que les célibataires ne sont pas aussi heureux que les gens mariés, tandis que d'autres études soutiennent exactement l'inverse. Contrairement à certaines idées généralement acceptées mais erronées, les célibataires qui ne vivent pas de relation de type marital peuvent être aussi heureux dans la vie que ceux qui entretiennent une relation des plus intimes avec quelqu'un. Souvent, les gens esseulés recherchent des relations pour meubler leur solitude – une solution qui fonctionne rarement, car, dans bien des cas, le mariage amplifie l'isolement des conjoints.

Une recherche menée à l'Ohio State University conclut que s'imaginer que la solitude guette automatiquement ceux et celles qui vivent seuls ne constitue qu'un mythe. Nul besoin d'avoir un certificat de mariage pour mener une vie bien remplie. Une autre recherche confirme d'ailleurs que les gens qui jouissent de leur liberté ont plus d'amis que ceux qui entretiennent des relations

Si nous voulions simplement être heureux, cela serait facile. Hélas ! nous insistons pour être plus heureux que la plupart des gens. Il s'agit là d'une tâche presque toujours ingrate, car nous les pensons plus heureux qu'ils ne le sont en réalité.

– Montesquieu

de type marital, et que les célibataires bien équilibrés sont moins irritables, moins colériques et souffrent moins de céphalées. Après avoir interrogé des sujets qui ne s'étaient jamais mariés et dont l'âge s'échelonnait entre 58 et 94 ans, deux chercheuses de l'Université de Guelph, Joan Norris et Anne Martin Mathews, ont découvert que la majorité des célibataires sont satisfaits de leur sort. Les gens qui demeurent seuls sont connus pour cultiver de solides amitiés et pour avoir de bons emplois.

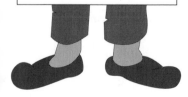

LES AVANTAGES DU CÉLIBAT

✓ Vous n'avez pas à vous souvenir des dates d'anniversaire.

✓ Donner des rendez-vous peut se révéler amusant et excitant.

En octobre 1992, le *Vancouver Sun* faisait état d'une recherche intéressante menée par le professeur James White, de l'Université de Colombie-Britannique. White se montrait des plus sceptiques après avoir lu l'article d'un chercheur américain qui concluait que les personnes mariées étaient en meilleure santé que celles qui ne l'étaient pas. Lui-même marié, heureux de l'être et en bonne santé, White se demandait si le chercheur américain n'était pas passé à côté de la possibilité que, justement, ce soient les personnes en bonne santé qui, de préférence, se mariaient. Si tel était le cas, les résultats s'avéraient trompeurs.

Lorsqu'il entreprit sa propre étude avec cette hypothèse en tête, White s'attendait à trouver les gens mariés en meilleure santé. À sa plus grande surprise, il découvrit que c'étaient les célibataires qui l'étaient ! Les femmes non mariées étaient en bien meilleure santé que les autres, et les hommes dans la même situation se portaient en général bien mieux que leurs homologues mariés. En résumé, les célibataires endurcis étaient plus heureux et obtenaient des pointages plus favorables dans trois des quatre catégories couvertes.

Il remarqua aussi que la vie de famille peut être très stressante, surtout pour les couples dont les membres doivent mener leurs carrières respectives avec de jeunes enfants. D'ailleurs,

Les hommes mariés vivent plus longtemps que les célibataires, mais ils meurent à petit feu.

– Larry Reeb

certains des actes les plus violents surviennent dans le cadre du mariage et de la famille. Avec tous les changements qui affectent actuellement le monde, il semblerait que les gens mariés soient plus enclins à souffrir de problèmes, en particulier de stress. Le mariage est censé apporter la sécurité. Malheureusement, pour trop de gens, il ne représente qu'une forme de captivité. Si le mariage ne correspond pas à cette voie royale de la normalité et à cette saine conception de la vie auxquelles on aimerait le voir ressembler, par contre le célibat n'est plus stigmatisé comme il l'a déjà été[13]. Le professeur White conclut : « Les avantages qu'offrait le mariage diminuent et les inconvénients que présentait la vie de célibataire sont également en régression ; ainsi, les deux états deviennent-ils de plus en plus similaires. »

LES AVANTAGES DU CÉLIBAT

✓ Sur le plan sexuel, vous n'avez pas à supporter les exigences excessives d'un partenaire.

✓ Vous pouvez rester au téléphone aussi longtemps que vous le voulez.

Je n'ai cité ces études que pour m'inscrire en faux contre toutes les erreurs véhiculées par les sondages qui indiquent que les gens mariés – et tout particulièrement les hommes – sont plus heureux et jouissent d'une santé plus florissante que les autres. Les hommes mariés sont certainement plus heureux

---

13. Dans la tradition francophone, qu'il suffise de se rappeler les « vieilles filles » coiffant la Sainte-Catherine à 25 ans et les proverbes du genre : « Vieux garçon, vieux cochon. » (N.d.T.)

que les hommes récemment divorcés, mais ces derniers ne représentent certainement pas des modèles de célibataires équilibrés. De nombreux célibataires qui ne se sont jamais mariés sont très heureux de leur état et ne se considèrent aucunement inférieurs aux gens mariés.

En fin de compte, ces études sont totalement sans but. Le vrai bonheur se trouve en soi. Tous les biens du monde ne vous apporteront point ce bonheur que certaines personnes, presque totalement démunies, vivent intérieurement. Dans le même ordre d'idées, le meilleur partenaire marital au monde ne parviendra pas à rendre son conjoint aussi heureux que certains célibataires. Votre bonheur dépend de vous et de vous seul. C'est *votre* choix. Vous pouvez être un peu plus heureux si votre mariage est réussi, mais vous pouvez aussi vivre heureux en demeurant célibataire. Il n'en tient qu'à vous de faire les efforts nécessaires et de changer d'attitude.

Pour en revenir à la question de savoir s'il vaut mieux être marié que célibataire, je prendrai pour exemple ce Grec de l'Antiquité dont Socrate était l'ami et le confident. Follement amoureux, ce citoyen d'Athènes demanda au vieux sage s'il devait ou non se marier. Socrate se contenta de lui répondre : « De toutes façons, tu regretteras ta décision... »

chapitre 4

Un grand dessein vous appelle

Être disponible pour y répondre, dans l'optique des célibataires

L'une des principales sources de bonheur des célibataires gagnants consiste à avoir un dessein louable, une mission à accomplir. Certains d'entre eux objecteront qu'il est difficile de mener à bien une tâche importante sans un conjoint ou une conjointe qui partage leurs expériences de vie. Les plus ambitieux se passionnent pour leur projet de vie et n'ont pas besoin d'entretenir une relation pour lui donner un sens. Les personnes heureuses qui se donnent une mission personnelle n'hésitent pas à dire que la vie vaut vraiment la peine d'être vécue, que l'on entretienne ou non une relation intime.

Même si, en tant que personnes créatives, nous avons tous besoin d'amour et de compagnie, nous avons également besoin de nous sentir indépendants et autonomes, et la poursuite d'un dessein unique amplifie substantielle-

> *La défaite personnelle la plus cuisante que puisse subir l'être humain se situe dans la différence qui existe entre ce qu'il aurait pu devenir et ce qu'en fait il est devenu.*
>
> – Ashley Montagu

ment ces sentiments. L'accomplissement d'un tel dessein se trouve nettement séparée des relations que nous pouvons entretenir avec les autres et, en fait, même les individus ayant les relations intimes les plus heureuses ont soif de quelque dessein d'envergure dans leur existence, quand ils n'en ont pas déjà un.

Si vous avez du mal à vous sortir du lit, il est certain que vous n'avez probablement pas de mission personnelle en vue. Avoir un objectif d'envergure dans la vie signifie que l'on est

*Parfois, je me prends à méditer
un peu sur mon grand objectif dans la vie,
mais, la plupart de temps,
je fantasme principalement
sur les possibilités de m'envoyer en l'air...*

véritablement vivant. En tel cas, dès votre lever, il vous est difficile de ne pas céder au sentiment d'excitation et d'enthousiasme qui vous envahit à l'idée de la journée qui se prépare. Vous brûlez de vous mettre à l'œuvre, peu importe qu'il pleuve, qu'il neige ou que le soleil brille de tous ses feux. Votre mission personnelle est un appel de la vie venant du plus profond de vous, de votre âme ; elle est votre nature et votre raison d'être. Votre mission personnelle justifie votre existence en ce monde.

Les célibataires possédant un objectif sont tenaces. Isaac Newton, Mère Teresa, Blaise Pascal, Emmanuel Kant, John Locke, Henri David Thoreau, des esprits reconnus et admirés dans l'Histoire occidentale, étaient en général considérés comme des gens heureux de vivre. Ces sages possédaient aussi quelque chose en commun : aucun d'entre eux ne s'était jamais marié et la plupart vécurent seuls la plus grande partie de leur vie. Leur bonheur en ce monde ne reposait pas sur des liens conjugaux. Toutes ces personnes avaient un important objectif à atteindre dans la vie et apportèrent une contribution majeure à la société.

Dans son livre *Solitude*, Anthony Storr déclare : « Il est dangereux d'idéaliser l'amour comme unique voie de salut ».

*Qu'il le veuille ou non,
chaque individu a une place à prendre
dans le monde et, à maints égards,
un rôle important à jouer.*

– Nathaniel Hawthorne

Et il ajoute : « On pourrait même soutenir que ceux et celles qui, dans la vie, n'ont aucun autre intérêt que leur conjoint et leur famille, se trouvent aussi limités sur le plan intellectuel que peuvent l'être sur le plan émotionnel,

ceux et celles qui n'ont ni conjoint ni enfant. » Storr pense que nous avons surévalué l'amour et l'intimité et que, pour mener une vie saine et heureuse, nous n'avons pas suffisamment accordé d'attention à nos objectifs supérieurs. Il conclut que les personnes les plus heureuses sont celles qui sont parvenues à un bon équilibre entre leurs relations interpersonnelles et leurs intérêts personnels.

Le bonheur consiste à découvrir sa mission personnelle et à y répondre avec passion. Il est important de la trouver si vous tenez à vivre une vie comportant un objectif primordial. La plupart des célibataires malheureux n'ont pas découvert cet objectif ni leur mission personnelle. Beaucoup les ont découverts sans les rechercher ; d'autres ne les ont pas découverts, parce qu'ils ne savent pas comment les chercher.

Votre vie sera plus gratifiante si vous investissez suffisamment de temps et d'efforts pour découvrir votre mission personnelle et l'accomplir ensuite avec passion. Négliger votre objectif suprême ou votre mission personnelle vous causera beaucoup d'insatisfaction. Aller contre ce que vous aimez peut déboucher sur certains troubles émotionnels et sur des affections d'ordre physique. Dans un effort futile pour soulager les

> *Il ne suffit pas d'être occupé...*
> *La question est de savoir à quoi on s'occupe.*
> – Henry David Thoreau

douleurs ou l'insatisfaction d'une existence morne, les gens qui répriment leurs véritables intérêts, ce vers quoi ils sont vraiment portés, ont davantage tendance à tomber dans l'alcoolisme, les stupéfiants, le travail forcé ou l'abrutissement devant la télévision.

Une mission personnelle se situe à un niveau plus élevé qu'un simple objectif. Ainsi, vouloir devenir directeur général dans la société qui vous emploie est louable, mais ne vous laissera rien pour vous inspirer une fois que vous aurez décroché ce poste. Une mission personnelle, comme tenter d'améliorer notre planète en travaillant de concert pour tenter de diminuer la pollution, est ce qu'on peut appeler une « vocation supérieure » – une conviction à laquelle vous pourrez adhérer le reste de votre existence.

Tout le monde peut poursuivre un objectif primordial qui aide à vivre. Votre mission personnelle peut s'exprimer à travers votre carrière ou votre violon d'Ingres, mais ne doit pas nécessairement inclure votre travail habituel. Elle peut prendre forme dans la pratique du bénévolat, un hobby ou toute forme d'activité de loisir. Votre grand dessein peut s'exprimer par une combinaison des différentes facettes de votre vie, y compris vos intérêts, vos relations les plus valables et vos passe-temps.

Sœur Beth Anne Dillon, une religieuse de Vancouver, exprime sa mission par le truchement de son sport favori : le basket-ball. Inutile de dire que sa mission initiale a toujours été de servir Dieu en servant son prochain. Elle mène une vie simple, dénuée de biens matériels mais imprégnée de joie. Le basket procure de grandes joies à sœur Dillon et l'aide à remplir sa mission. Il semble d'ailleurs qu'elle aime ce sport depuis qu'elle a décidé de se consacrer à Dieu. Grâce à son travail de bénévolat, elle enseigne ce sport à des fillettes dans une école élémentaire. Elle est persuadée que le basket la rapproche de Dieu. En 1989, elle a rencontré le pape Jean-Paul II à Chicago et a également eu l'occasion de saluer Mère Teresa. Alors que Vancouver s'apprête à avoir sa propre équipe de basket, les Grizzlys, et d'entrer dans l'Association nationale de basket-ball, elle a bon espoir de rencontrer le champion Michael Jordan.

> *Vous n'en avez pas fait suffisamment, vous n'en aurez jamais assez fait tant qu'il vous sera encore possible de collaborer à quelque chose.*
>
> – Dag Hammarskjold

Êtes-vous attentif à l'appel de votre vocation ?

LES AVANTAGES DU CÉLIBAT

✓ Vous pouvez quitter votre emploi sans avoir à donner d'explications à votre conjoint.

✓ Les conflits entre conjoints à propos des heures de travail sont inexistants.

Dans son livre *Les sept voies spirituelles du succès*, Deepak Choprah nous suggère sept lois permettant de réussir avec un minimum d'effort. Sa septième loi s'appelle « dharma » et signifie que chaque personne possède des talents uniques et est appelée à jouer un rôle important. Si vous découvrez votre mission personnelle, votre vie ne manquera jamais de piquant. Votre nature profonde déterminera votre objectif suprême, c'est-à-dire ce que vous voulez vraiment accomplir dans la vie.

Votre mission personnelle n'a rien à voir avec l'éternelle question : « Cela va-t-il me rapporter beaucoup d'argent ? » Avoir une mission personnelle ou une vocation signifie que vous mobilisez vos talents personnels de telle manière que les conditions de vie de l'humanité s'en trouvent améliorées. Votre vie aussi d'ailleurs, grâce aux satisfactions et au bonheur que vous en tirez. Pendant que vous mettez vos talents à contribution pour poursuivre votre mission, plusieurs sous-produits en découleront. L'un de ceux-ci – et non le moindre – peut être justement de gagner beaucoup d'argent.

Votre mission personnelle sera étroitement liée à vos valeurs et à vos intérêts. Elle se trouvera également déterminée par vos forces et par vos faiblesses. Un travail que vous accomplissez dans le seul but de gagner de l'argent ou une activité de loisirs que vous entreprenez pour tuer le temps ne constituent pas ce que l'on peut appeler des « missions personnelles ». Votre mission personnelle est quelque chose qui fera la différence en ce bas monde. Si vous avez un objectif primordial dans la vie, vous pouvez être persuadé que l'humanité bénéficiera de vos efforts. Une mission peut être modeste si on la jauge selon les critères des autres. Par exemple, le père de l'un de mes amis n'est qu'un modeste concierge d'établissement scolaire, mais il s'est donné pour mission d'avoir l'école la mieux entretenue, à la plus grande satisfaction des élèves et du personnel. Voici quelques autres exemples de missions personnelles.

- ✓ Améliorer la vie sur la planète en réduisant la pollution.
- ✓ Organiser des collectes de fonds pour aider les nécessiteux.
- ✓ Aider les enfants à développer leurs talents – musicaux, par exemple.
- ✓ Écrire des livres pour enfants captivants qui aident garçonnets et fillettes à découvrir les merveilles du monde.
- ✓ Organiser pour des étrangers les meilleures randonnées possibles dans les Alpes ou les montagnes Rocheuses.
- ✓ Créer un groupe de personnes engagées et préserver son enthousiasme et son dynamisme.

Votre mission personnelle vous reliera intimement à votre moi profond et au monde autour de vous. Vous découvrirez peut-être la mission personnelle que vous aimeriez poursuivre si vous prenez le temps de répondre aux questions suivantes.

QUELLES SONT VOS PASSIONS ? Afin de définir la nature de votre mission personnelle, le plus important consiste à découvrir ce qui vous enthousiasme vraiment. Vos passions vous apportent beaucoup de joie et, lorsque vous les suivez, vous avez l'impression d'avoir une énergie illimitée. Notez toutes les choses qui vous apportent de petits bonheurs. Votre liste peut aller de la pêche à la ligne à l'équitation, du bénévolat à la recherche en bibliothèque, du plaisir de faire rire votre prochain aux voyages en pays étrangers. Accordez une attention particulière aux choses qui vous permettront de vous lever une heure ou deux plus tôt que d'habitude.

QUELS SONT VOS POINTS FORTS ? Le fait de rechercher quels sont vos points forts vous permet de voir qui vous êtes vraiment et dans quels secteurs vous concentrez votre énergie. Si vous possédez des aptitudes artistiques et que vous êtes en mesure de suivre le mouvement, vous voudrez peut-être exprimer votre sens de la création dans les arts plastiques ou la musique. En général, ce qui soutient vos passions est ce qui constitue vos points forts.

QUELS ONT VOS HÉROS OU HÉROÏNES ? Prenez quelques instants pour penser à vos héros favoris. Ils peuvent devenir pour vous des modèles à imiter. Ces héros sont peut-être des gens existants ou même du passé que vous avez admirés ou même vénérés. Ils peuvent être célèbres ou inconnus, ils peuvent s'être distingués discrètement ou avoir fait quelque chose d'extraordinaire. Si vous aviez l'occasion de les inviter à souper, lequel de ces trois modèles choisiriez-vous ? Qu'ont-ils accompli pour que vous les admiriez ? En étudiant les qualités et les réalisations de vos héros, vous découvrirez des indices qui vous permettront de reconnaître vos propres aspirations.

> *Chaque appel est extraordinaire lorsqu'on y répond avec intensité.*
> – Oliver Wendell Holmes, fils

QUE DÉSIREZ-VOUS APPRENDRE OU DÉCOUVRIR ? Il est important de regarder ce qui stimule votre curiosité. Quels sujets ou quels secteurs d'activité aimeriez-vous explorer ou approfondir ? Pensez à des cours ou à des séminaires que vous n'hésiteriez pas à suivre si un de vos riches parents se manifestait soudainement et vous offrait de vous financer deux années d'études n'importe où dans le monde.

> *Si, au bout du compte,*
> *il tient à être en paix avec lui-même,*
> *le musicien doit faire de la musique,*
> *le peintre de la peinture*
> *et le poète de la poésie.*
>
> – Abraham Maslow

Répondre à ces questions peut vous placer sur la bonne voie pour décrire votre mission personnelle. Lorsque vous entrez en contact avec vos désirs les plus profonds, vous vous branchez en ligne directe sur votre mission personnelle. Nul autre que vous peut découvrir l'objectif suprême de votre existence.

Si vous passez votre journée à accomplir des choses ennuyeuses, vous ne tarderez pas à devenir vous-même un personnage assommant

Si vous regardez ce que font les célibataires heureux dans la vie, vous remarquerez qu'ils ne font qu'un avec l'objectif qu'ils poursuivent. Souvent, ce dernier est représenté par leur travail. Cette constatation est particulièrement vraie chez les personnes qui ont une passion démesurée pour leur métier. C'est lorsqu'on est célibataire – surtout si vous n'avez pas d'enfants ou de personnes à charge – qu'il convient de s'installer dans une occupation qui vous lance un défi et qui réponde à vos aspirations. Cette occupation s'exerce-t-elle à votre avantage ? Si la réponse est oui, votre travail constitue une partie importante de votre grand projet de vie. Ce dessein élevé se manifeste dans vos activités professionnelles, surtout si vous employez vos talents et votre créativité à faire de ce monde quelque chose de meilleur. Lorsque votre travail vous passionne, vous pouvez être plus heureux qu'une personne prisonnière d'un mariage insatisfaisant ou d'un emploi fastidieux et sans débouchés.

Si votre occupation comporte principalement des tâches que vous considérez comme parfaitement inintéressantes, vous devriez sérieusement penser à faire autre chose. Bob Black, dans un essai intitulé *Abolissons le travail – Travailleurs de tous les pays, décontractez-vous*, nous livre certaines pensées intéressantes, dont celle-ci : « Vous êtes ce que vous faites. Si vous effectuez un travail ennuyeux, stupide et monotone, il y a de fortes chances pour que vous finissiez comme une personne rasante, obtuse et étriquée. »

Si vous vous retrouvez coincé par votre carrière, il ne vous sera pas facile de quitter un emploi plus que médiocre. Vous avez peut-être besoin de cet argent et n'avez pas le temps de chercher autre chose. Malgré tout cela, si vous avez quelque occasion de lâcher un emploi emmerdant et déshumanisant, vous ne devez pas hésiter, ne serait-ce que pour être heureux et vous refaire une bonne santé à long terme. En consentant à trop de compromis dans votre vie quotidienne sous prétexte de sauvegarder votre emploi, vous risquez de vous détruire psychologiquement.

> J'avais un travail de bureau particulièrement barbant :
> je nettoyais les fenêtres de cellophane des enveloppes...
> – Rita Rudner

Voici le contenu d'une lettre que m'a envoyée une certaine Linda W., une célibataire de Toronto qui a simplement décidé de laisser tomber son poste de fonctionnaire du gouvernement ontarien pour aller s'installer dans l'arrière-pays en Colombie-Britannique.

Ernie, Ernie, Ernie,

Je viens tout juste de terminer la lecture de « L'art de ne pas travailler » et j'ai adoré ! Vous m'avez donné le petit élan qui me manquait pour prendre mes cliques et mes claques et partir m'installer en Colombie-Britannique.

Je suis rédactrice à temps partiel, conférencière, intériorisée, et j'ai décidé d'aller vivre dans les montagnes de la C.-B. (même à cette noire époque où règnent la dépression et la récession) après avoir envoyé promener toutes les inepties qui vont de pair avec la vie de fonctionnaire. Bye-bye, univers de ciment urbain ! Salut les copains, je suis partie !

Vous m'avez donné ce petit quelque chose qui me susurrait à l'oreille : « Vas-y, ma vieille, tu n'es pas plus folle qu'une autre pour découvrir enfin la tranquillité d'esprit. »

Bien cordialement,

Linda W.

Remarquons que Linda W. n'a pas recherché d'excuses du genre : « Nous sommes en pleine récession » ou encore : « Pas question de laisser tomber un poste stable de fonctionnaire », ou encore : « Je n'ai pas la formation nécessaire pour redémarrer dans un autre secteur... » Elle s'est mise à l'écoute de ses voix intérieures qui lui disaient qu'il était temps de partir. Je suis persuadé que cela ne s'est pas fait sans craintes de sa part. Elle les a surmontées en les affrontant. Elle savait qu'elle devait prendre des risques pour pouvoir connaître un peu l'aventure et vivre à son maximum.

> *Une travailleuse est une fille qui abandonne son emploi pour se marier.*
>
> – E.J. Kiefer

En route, vous avez peut-être eu l'intuition de ce que vous aimeriez vraiment faire. Au lieu de cela, vous avez choisi une carrière ou un métier très éloigné de ce qui aurait pu être votre passion. Au fil des ans, vous avez peut-être refoulé votre rêve en faisant appel à de nobles motifs, après avoir conclu qu'il relevait d'une inaccessible fantaisie. C'est *maintenant* qu'il faut explorer vos rêves et vos fantasmes : ils vous fourniront certains indices sur les activités que vous aimeriez poursuivre.

Lorsque vous faites ce que vous voulez vraiment faire et qui vous fait plaisir, que vous entreprenez des activités qui vous conviennent, la vie devient beaucoup plus facile. Il existe au moins quatre raisons pour cela. Premièrement, vous obtenez des satisfactions de la vie. Deuxièmement, vous finissez par exceller dans ce que vous faites. Troisièmement, il vous est plus facile de faire de l'argent. Quatrièmement, vous êtes heureux de la façon dont vous gagnez votre pain.

Réussir dans sa carrière : il suffit de rechercher ce qui compte vraiment

Sigmund Freud a déjà dit que l'amour et le travail étaient les deux secrets d'une vie heureuse. Si tel est le cas, comment se fait-il que tant de gens qui travaillent et qui ont fait un mariage tout ce qu'il y a de convenable soient malheureux ? Le problème est qu'ils n'ont pas réussi dans leur métier ou leur profession.

VOICI UN PETIT EXERCICE : quels sont, à votre avis, les éléments essentiels à la réussite ?

✓ Une intelligence supérieure.

✓ Des talents sortant de l'ordinaire.

✓ Être membre d'une profession libérale (médecin, avocat, etc.).

✓ Avoir une veine insolente.

✓ Entretenir de bonnes relations.

✓ Avoir fait des études très supérieures.

✓ Travailler d'arrache-pied.

> *Dans la vie, l'ultime séduction réside dans votre travail.*
>
> – Pablo Picasso

Vous serez peut-être surpris de constater qu'aucun des éléments décrits ci-dessus n'est essentiel pour réussir. Des millions de personnes formées dans les meilleures institutions de haut savoir, talentueuses et supérieurement intelligentes, ont échoué. Dans le même ordre d'idées, l'Amérique du Nord fourmille de gens qui travaillent de dix à quatorze heures par jour et qui, eux non plus, n'ont pas réussi à se réaliser sur le plan professionnel. Par exemple un comptable qui fait 30 000 $ par an dans un emploi sinistre qui ne mène nulle part est, à sa manière, un raté ; il en est de même pour une avocate qui empoche chaque année 150 000 $ d'honoraires mais qui vomit sa profession.

J'entends par « réussite professionnelle » la satisfaction et la joie qui découlent d'un travail librement consenti. Des études ont démontré que 80 pour cent des gens n'aiment pas ce qu'ils font pour gagner leur vie. Quelque 25 pour cent de ces insatisfaits n'hésitent pas à dire qu'ils accomplissent un travail imbécile pour lequel ils sont surqualifiés. Au fait, si certains lecteurs avaient une opinion divergente de la mienne et étaient tentés de faire de la richesse l'objectif de la réussite, j'aimerais leur signaler que des millions de personnes bardées de diplômes, pourries de talent, d'une intelligence supérieure, ayant travaillé comme des forçats toute leur vie, finissent souvent sur la paille à l'heure de la retraite.

J'ai pour principe que la réussite professionnelle doit reposer sur une réalité : votre travail doit représenter pour vous un tel plaisir que vous seriez capable de l'accomplir gratuitement dans le seul but d'en tirer satisfaction. Mais, pour cela, il doit vous passionner. Matthew Fox, auteur d'un livre intitulé *Le travail réinventé*, déclare : « Votre travail vous touche au cœur, tout comme il doit toucher le cœur des autres. S'il y a une question que j'aimerais poser afin que nous puissions nous éveiller au travail spirituel, ce serait celle-ci : " Comment votre travail parvient-il à vous inspirer la joie et à apporter de la joie aux autres ? " »

> *Lorsque vous regardez les spécimens que certaines filles prennent pour époux, vous vous rendez compte combien elles doivent détester d'avoir à travailler pour gagner leur croûte.*
>
> – Helen Rowland

Lorsque votre travail est votre passion, il n'existe plus de différence entre travail et plaisir. Selon l'ancienne conception du travail, vous ne devriez pas avoir à « travailler » une seule autre journée dans votre vie. Je ne peux toutefois décider pour vous quelle est votre passion. C'est à vous de le faire.

La raison pour laquelle tant de personnes de la génération des baby-boomers souffrent de la crise de la quarantaine est qu'elles n'ont jamais suivi leur passion. Au cours de ces années, la plupart de ces *boomers* ont poursuivi des carrières ou pratiqué des métiers qui leur ont rapporté un maximum afin de pouvoir mener le mode de vie des yuppies qui se sacrifient sur l'autel d'un consumérisme effréné. Ils ont réussi selon leurs critères, escaladé les échelons corporatifs et se sont procurés tous les biens matériels dont ils rêvaient tant. Le problème est que leur mariage bat de l'aile, que leurs enfants sont déboussolés et qu'eux-mêmes sont des accumulateurs de stress et d'insatisfaction.

LES AVANTAGES DU CÉLIBAT

✓ Vous pouvez faire la sieste sans avoir à vous justifier.

✓ Vous avez davantage de sources de stimulation.

Ce qui est essentiel dans la réussite professionnelle, c'est de travailler sur quelque chose qui vous plaît vraiment et qui peut servir aux autres de manière positive. Les travailleurs mécontents qui passent d'un emploi à l'autre ne mèneront pas une vie enrichissante, à moins de trouver un travail qui coïncide ou qui va dans le sens de leur mission personnelle. Dans le choix d'une occupation, ce qu'il y a de plus important que les facteurs économiques, ce sont les questions de mode de vie ou de qualité de vie. Un sain équilibre entre votre travail et votre vie personnelle est beaucoup plus important que d'amasser plus d'argent et de biens matériels que votre voisin.

Il y a quelque chose qui doit clocher avec ma vie.
Je ne me vois pas en train de travailler.

– Teddy Bergeron

L'un des obstacles majeurs dans la réussite professionnelle est le manque d'estime de soi. Trop de gens demeurent captifs d'une programmation qu'ils se sont imposée. En d'autres termes, ils se conforment à l'idée que se font leurs parents et la société de la réussite. Nombre de gens malheureux dans leur métier continuent à travailler dans des emplois pour lesquels ils ne sont pas faits parce qu'ils tentent de réaliser non point leur rêve, mais celui de quelqu'un d'autre. Au pire, de nombreux employés sont si malheureux qu'ils souffrent d'un stress professionnel quasi permanent.

Si votre emploi est d'une platitude confirmée, ce n'est pas l'argent qui arrangera les choses. Il est utopique de croire qu'un salaire plus élevé vous permettrait d'être plus heureux. C'est souvent le contraire qui se produit. Si vous étiez plus heureux dans ce que vous faites, c'est justement là que vous gagneriez plus d'argent. Si votre emploi n'a que peu de rapport avec vos valeurs et ce qui vous intéresse vraiment, peu importe combien d'argent vous encaisserez, vous serez perpétuellement insatisfait.

Vous devriez essayer de trouver un travail qui vous enrichisse corps et âme. Vous tenez à ce que votre travail soit apprécié par des compliments, des augmentations, des chances d'avancement. Votre emploi devrait comporter un certain niveau de contrôle et de souplesse. Bref, votre objectif devrait être de trouver un emploi créatif. Faites ce que vous aimez ou soyez ce que vous êtes vraiment. Si vous avez des tendances artistiques ou que vous êtes un bon gestionnaire, essayez d'appliquer ces talents à votre carrière. Vous devez toutefois demeurer réaliste : il faut avant tout se montrer créatif et tirer le maximum de ce que vous avez.

Dans son ouvrage *Les sept lois spirituelles du succès*, Deepak Chopra laisse entendre que le succès professionnel peut être atteint sans effort. Sa quatrième loi s'appelle en effet la « Loi du moindre effort ». Les valeurs fondamentales – très américaines – selon lesquelles un travail acharné et une

planification par objectifs poussée
sont incontournables pour réussir
représentent, selon lui, une aberra-
tion. Vous pouvez réaliser davantage de choses en travaillant
moins. Le secret est d'éviter de

*Tous les emplois rémunérés
accaparent et amoindrissent l'esprit.*

– Aristote

vous fixer comme objectif le pouvoir et la domination des
autres. Il faut aussi que vous cessiez de dépenser votre
énergie à rechercher l'assentiment d'autrui. La voie la plus
naturelle de la prospérité est de faire ce qui vous « allume » et
d'oublier ce que les autres pensent de vous. Lorsque vous
aimez votre travail, un minimum d'effort est nécessaire pour
obtenir satisfaction. C'est là que réside le véritable succès
professionnel.

Lorsque vous choisissez une profession en rapport avec
votre objectif de vie ou votre mission, il faut que vous soyez
conscient de vos aspirations. Soyez à l'écoute de votre voix
intérieure et non de ce que les autres vous disent de faire ou
voudraient vous voir faire. Si votre travail vous passionne, vous
serez très motivé, vous réaliserez de grandes choses, et vos
chances de réussite financière s'en trouveront améliorées.

Les environnements de travail peuvent être des lieux excitants, pleins de défis, stimulant les activités et l'innovation. Ils
peuvent aussi être glauques, dominés par la routine, frus-
trants, décourageants et ennuyeux comme la pluie. Voilà
pourquoi vous devez choisir votre employeur avec discerne-
ment. Assurez-vous que votre travail puisse vous apporter des
satisfactions, et qu'au sein de l'entreprise vous puissiez vous
améliorer et vous épanouir sur le plan professionnel. Vous
voulez qu'on vous estime pour vos nouvelles idées, votre
énergie positive et votre capacité à vous montrer productif.

La clé d'un travail satisfaisant est d'utiliser vos talents
particuliers pour les appliquer à quelque chose que vous
aimez. Ron Smotherman, qui affirme qu'on peut être gagnant
en faisant appel à nos lumières, n'hésite pas à déclarer que la
satisfaction est réservée à un groupe très sélect de gens : ceux
qui ont la volonté de se satisfaire. Et, selon lui, ils ne sont
guère nombreux. Voulez-vous faire partie de ce groupe de
gens satisfaits de leur travail ? Si vous répondez par l'affirma-
tive, il convient de vous poser les questions importantes
mentionnées ultérieurement. En quoi excellez-vous ? Quels
sont vos talents ? Vos points forts et vos points faibles ?

Lesquels aimeriez-vous utiliser et cultiver au cours de votre carrière ? Pourriez-vous accomplir un certain type de travail gratuitement, simplement pour le plaisir ? S'il le faut, continuez à vous poser de telles questions quotidiennement au cours de l'année qui s'écoule. Les réponses vous conduiront normalement à un travail qui vous passionnera.

L'art de ne pas travailler de neuf à cinq

Vous ne devez pas demeurer totalement prisonnier de votre travail. En avez-vous assez du « ratodrome » ? Êtes-vous écœuré par la mentalité de la victoire à n'importe quel prix ? Êtes-vous fatigué d'être... fatigué ? Si oui, sauvez-vous pendant qu'il en est encore temps et que vous avez l'occasion de faire quelque chose de différent qui vous allumera et vous récompensera en améliorant votre croissance personnelle. Il ne vous sera pas facile de quitter un emploi moins que satisfaisant. Rompre avec des habitudes n'est jamais facile, surtout lorsque la rémunération est généreuse. Mais à quoi sert le succès financier si vous vous sentez minable, vide, et que vous vous ennuyez prodigieusement ? En faisant la rétrospective de votre passé, aimeriez-vous constater que vous avez bénéficié de tout le confort matériel dont vous pouviez rêver mais que vous n'avez pas eu l'occasion de l'apprécier ?

> *Lorsque leur travail engendre chez eux la joie, ils touchent tous la perfection.*
> – La Bhagavad Gita

Si vous êtes victime d'un dégraissage d'organigramme ou si vous faites partie d'une charrette de condamnés, une telle éventualité peut se révéler une bénédiction déguisée. Vous serez peut-être en mesure de transformer une situation négative en une situation positive. Le moment est peut-être venu de mettre à l'épreuve votre besoin de sécurité et votre réticence à prendre des risques. La solution logique semble être de rechercher un emploi, mais vous ne vous rendez peut-être pas justice. C'est peut-être l'occasion idéale de poursuivre une activité créatrice profondément satisfaisante. Il y a la peur de l'inconnu, bien sûr, mais décrocher un autre emploi peut signifier que dans six mois ou un an, on vous annoncera avec un sourire hypocrite que vous devez dégager par les moyens les plus rapides. Vous obtiendrez peut-être un meilleur niveau de sécurité en poursuivant une carrière avec votre mission personnelle en tête. Si vous démarrez votre propre affaire, vous ne penserez plus jamais à travailler pour quelqu'un d'autre.

En qualité de rédacteur et de conférencier, je suis en mesure de parler des avantages de travailler pour soi. Après avoir investi mon temps et mes ressources afin de découvrir ce que je voulais vraiment faire, je fais ce qui convient le mieux à ma nature. C'est un mode de vie

> *Quand on n'a aucun talent particulier, on devient écrivain.*
>
> – Honoré de Balzac

que j'adore. Pourquoi travailler pour un millier de patrons alors que je peux travailler pour mon patron favori : **moi-même** ? Comme je l'ai mentionné précédemment, je ne demande à travailler que quatre heures par jour. Je me donne également la permission d'éviter, si possible, de travailler pendant les mois qui ne comportent pas de « r » dans leur nom. En travaillant moins, je ne gagne pas autant d'argent que si je faisais des journées de douze heures, mais tout est relatif. Pour les employés qui lavent des voitures au coin de ma rue, mes revenus seraient très acceptables.

En travaillant de façon autonome ou en ayant votre propre commerce, il vous est davantage possible de vous réaliser dans votre travail. L'un des plus grands avantages est que personne ne vous dit quoi faire. Vous décidez de votre lieu de travail et de la souplesse de vos horaires.

Au cours de mes tournées de promotion pour mon livre *L'art de ne pas travailler*, j'eus l'occasion de rencontrer Ben Kerr alors que l'on m'interviewait dans le cadre d'une tribune téléphonique au poste CFRB de Toronto. Kerr me confia qu'il était musicien ambulant à l'angle des rues Yonge et Bloor, et qu'il avait écrit une chanson intitulée *Je ne veux pas être l'homme le plus riche du cimetière*. Je lui ai fixé rendez-vous pour le lendemain en lui promettant de lui offrir un exemplaire de mon livre s'il acceptait de me chanter sa chanson.

Lorsque je fis la connaissance de Ben Kerr, je ne tardai pas à réaliser que j'avais en face de moi un homme extrêmement heureux. Lorsqu'il chante l'après-midi, des personnes de toutes les classes de la société le saluent et lui donnent une pièce. Au cours des années, on

> *La musique est ma maîtresse. Elle ne sera jamais le second violon de qui que ce soit.*
>
> – Duke Ellington

lui a offert plusieurs emplois, mais il est comme moi : il n'est pas intéressé à travailler pour les autres, car il s'amuse beaucoup trop. Il obtient davantage de satisfactions et de reconnaissance de ses contemporains à faire son numéro à l'angle des rues Yonge et Bloor que 90 pour cent des gens n'en tirent de leur travail. Mon livre lui a donné l'idée d'écrire une chanson intitulée *L'art de ne pas travailler de neuf à cinq*, dans laquelle il me cite et, dans une certaine mesure, me compare à lui. En voici un couplet.

Les gens craignent de quitter le manège
Où ils tournent sans répit, sans bon sens
Avec leur air hagard, avec leur mine grise
Ils pourraient changer d'existence
Mais la trouille les immobilise

Développer son autonomie est une chose nécessaire dans le contexte actuel. On peut compter de moins en moins sur les entités comme les gouvernements, les employeurs, les sociétés à but non lucratif, qui vous assuraient autrefois une certaine sécurité. Dans un contexte d'emploi précaire, l'autonomie vous permettra de rebondir plus facilement et de vous vous dire que vous n'êtes pas encore une personne prête à envoyer à la casse, que vous avez encore bien des choses à offrir à autrui. Le jour où vous réaliserez votre autonomie, votre taux d'estime personnelle et votre bien-être atteindront de nouveaux sommets.

Un objectif pour les chômeurs

Que vous occupiez ou non un emploi, il importe d'avoir un objectif dans la vie. Si vous ne pouvez réaliser votre mission personnelle par le truchement de votre travail, il vous faut trouver un moyen d'être utile en dehors de ce cadre. Si vous êtes en position de faiblesse, débrouillez-vous pour apprécier la vie au maximum, davantage même que ceux et celles à qui tout semble arriver tout cuit dans le bec.

Avoir un objectif peut être une question de vie et de mort. Les gens qui en sont privés ne semblent pas vivre aussi longtemps que ceux qui en ont un. D'après les statistiques, les personnes retraitées dénuées d'objectif ne sont pas précisément connues pour battre des records de longévité. En effet, nombreuses sont celles qui, faute d'avoir trouvé quelque intérêt en dehors de leurs anciennes occupations, sont mortes d'ennui un ou deux ans après avoir pris leur retraite.

Pour les gens de l'âge d'or comme pour les plus jeunes, une façon de se fixer un objectif serait de se porter volontaire pour travailler dans un organisme qui s'occupe d'une cause qui leur est chère. Plusieurs bénévoles soutiennent qu'il n'y a rien de plus satisfaisant que de vivre l'expérience d'une véritable vocation vous permettant d'aider votre prochain. Il peut-être extrêmement gratifiant de consacrer du temps à ceux et celles qui ont véritablement besoin de vous.

La plupart des grandes villes ont une association qui oriente les bénévoles vers les œuvres de charité et les organismes à but non lucratif. Votre travail peut

Nous travaillons non seulement pour produire, mais aussi pour donner de la valeur au temps.

– Eugène Delacroix

alors prendre plusieurs formes, comme l'organisation ou l'animation de ventes de charité, l'aide aux personnes handicapées sur le plan physique ou mental, l'aide aux sans-abri dans une soupe populaire, la construction de logements à loyer modique, la rénovation de logements insalubres, la production théâtrale régionale à vocation sociale, la musique ou le chant dans une chorale de bénévoles, la collecte de fonds pour un organisme de charité ou l'aide aux victimes de sévices dans une cellule de crise.

En partageant votre énergie et vos talents avec les autres, vous surmonterez vos moments de solitude et d'ennui. En aidant les autres à réduire leurs problèmes, vous résoudrez peut-être l'un des vôtres. Il est possible que vous rencontriez alors quelqu'un d'extraordinaire avec qui vous disparaîtrez dans le soleil couchant avec effet de fondu enchaîné.

LES AVANTAGES DU CÉLIBAT

✓ Vous pouvez investir plus de temps dans votre carrière.

✓ Nul conjoint ne peut jalouser ce que vous réalisez.

Une vie sans objectif est une vie sans gouvernail

Dans ses écrits, D.S. DeRopp déclare : « Il faut, par-dessus tout, choisir un jeu qui vaille la peine d'y jouer. Telle devrait être la sagesse de l'homme actuel. Dès que vous avez découvert le jeu, lancez-vous avec autant d'intensité que si votre vie et votre santé mentale en dépendaient (ce qui est le cas). »

Aider le monde en se rendant utile est un bon moyen de renforcer le respect de soi et le respect des autres. Le désir de donner un sens et un but à sa vie est légitime. Pour tirer quelque satisfaction de l'existence, il est essentiel d'avoir une certaine idée de sa propre utilité, surtout en vieillissant. Déterminez clairement qui vous êtes et ce que vous désirez dans la vie. Vous devriez avoir une raison de vous lever le matin. Lorsque vous avez un véritable objectif ou une mission personnelle, vous avez le sentiment de jouer un rôle positif dans la vie des autres.

Nulle vie ne doit être sans but. À vous de découvrir ou de créer votre propre objectif si vous voulez avoir l'impression de changer quelque chose dans la vie des autres. Il importe que vous canalisiez votre créativité pour découvrir le dessein supérieur qui vous anime.

> *Je n'ai jamais pensé en termes de réalisation. Je n'ai fait qu'accomplir ce qui se présentait à moi, c'est-à-dire la chose qui me procurait le plus de plaisir.*
>
> – Eleanor Roosevelt

Ne pas avoir trouvé sa mission personnelle alors qu'on a déjà 30 ou 40 ans ne veut pas dire que vous ne la découvrirez pas. Bien des gens n'ont pas défini ce qu'ils voulaient vraiment avant l'automne de leur vie ou plus tard. Il n'est jamais trop tard pour se réinventer, découvrir sa mission et... l'accomplir avec énergie. Si vous devez obtenir des diplômes ou une formation qui vous permettront d'accomplir la mission que vous vous êtes donnée, eh bien, faites-le ! Il y a, bien sûr, la vieille excuse : « J'ai 49 ans et j'en aurai 53 lorsque j'aurai terminé. » D'une manière ou d'une autre, dans quatre ans, vous aurez 53 ans de toute

> *L'objectif de la vie n'est pas d'être heureux mais d'être utile, d'être honorable et de faire preuve de compassion. C'est ce qui fait la différence entre vivre et bien vivre.*
>
> – Ralph Waldo Emerson

façon. Si vous ne faites pas ce que vous avez à faire, vous serez une personne de 53 ans toujours insatisfaite, et probablement plus que vous ne l'êtes aujourd'hui. Votre mission personnelle fera surface si vous êtes en mesure de l'assumer. Voici l'exemple de trois personnes qui se sont engagées dans une mission personnelle à un âge avancé.

✓ À 81 ans, Red Skelton démontre un enthousiasme plus grand que la plupart des gens ne le font dans la vingtaine ou la trentaine. Pourquoi ? Parce qu'il s'est donné pour mission de rendre les gens heureux en les amusant. Il ne dort guère que trois heures par nuit, se couche à 2 h 30 pour se lever à 5 h 30, passe son temps à écrire des nouvelles, à composer de la musique et à faire de la peinture. En tant que fantaisiste, il donne encore 75 représentations par année.

✓ À 97 ans, Martin Miller, de l'État de l'Indiana, travaillait encore à temps plein dans un groupe de pression voué à la défense des personnes du troisième âge.

✓ Mary Baker Eddy avait 87 ans lorsqu'elle entreprit de lancer un nouveau journal à tendance religieuse qu'elle appela le *Christian Science Monitor*[14].

Vous ne devez pas poursuivre des objectifs seulement pour plaire aux autres ou entrer en concurrence avec eux. Le secret est de viser un but qui vous passionne. Si vous parvenez à déterminer quelle est votre mission ultime dans la vie, vous bénéficierez d'une force agissante qui vous permettra de mettre du piment et de l'intérêt dans votre quotidien. De plus, votre croissance personnelle et vos connaissances s'en ressentiront.

Découvrir votre grand dessein est la pierre angulaire d'une utilisation judicieuse de votre créativité personnelle. Le plus grand défi sera de faire votre introspection, de découvrir l'objectif que vous vous proposez d'atteindre et d'agir en conséquence. Votre vie ne devrait jamais être sans but. Votre mission personnelle devrait faire partie de votre nature et de vos rêves. Cibler votre objectif signifie que chaque tâche,

14. Abstraction faite de son orientation religieuse, le *Christian Science Monitor* est considéré comme l'un des meilleurs journaux publiés aux États-Unis. (N.d.T.)

chaque action, chaque situation doivent retenir totalement votre attention. Découvrir quelle est votre mission personnelle donnera à votre vie une orientation qui sera véritablement la vôtre.

chapitre 5

Être créatif ou n'être rien !

Vous pouvez faire preuve de plus de créativité que Picasso ou Van Gogh

Lorsque vous serez engagé dans votre mission personnelle, votre créativité sera votre meilleure ressource pour faire fi des obstacles tels que les normes de la société, le manque de fonds, les objections de vos parents, le manque de compétence ou le manque de temps occasionné par l'attention que vos enfants exigent. La créativité est le cadeau ultime dont les célibataires disposent pour faire face à ce défi qui consiste à vivre heureux. En effet, le cafard dont ils souffrent peut

> *Tout le monde peut être génial au moins une fois l'an. Les vrais génies sont toutefois capables de cerner plus étroitement leurs idées initiales.*
>
> – C.C. Lichtenberg

vous affecter n'importe quand et s'il y a quelque chose qui vous tirera de l'ennui et de la solitude, c'est bien votre imagination. Les personnes les plus hautement créatives découvrent que leurs réalisations importantes prennent forme lorsqu'elles sont seules. Les nouvelles idées et les découvertes font généralement abstraction de l'être avec lequel la personne conceptrice entretient une relation intime ou sérieuse.

« Mais voyons, je ne possède aucune créativité », serez-vous tenté de dire. C'est faux. Comme tous les êtres humains, vous êtes créateur. Il suffit de découvrir votre créativité et de vous en servir à votre avantage. Alors, foncez ! Il y a longtemps que vous pensiez être un génie en puissance, mais n'aviez pas le courage de partager vos doutes avec quelqu'un ? Maintenant, vous le pouvez. »

Vous pouvez utiliser votre imagination pour améliorer votre vie de bien des façons. Si vous êtes un parent célibataire, le fait d'être plus créatif vous permettra de mieux gérer vos affaires personnelles, d'établir des réseaux de soutien, de parvenir à joindre les deux bouts avec des revenus modestes, de prendre soin de vos enfants, d'occuper un emploi à temps plein (ou deux à temps partiel) afin de faire vivre votre maisonnée. Le fait d'adopter un mode de vie satisfaisant en dépit de nombreux obstacles prouvera que, dans le fond, vous êtes beaucoup plus créatif que Picasso, Renoir ou Van Gogh ne l'ont jamais été.

Vous deviendrez un ou une célibataire beaucoup plus heureux et beaucoup plus comblé si vous utilisez votre imagination. Être créatif signifie utiliser de nouvelles façons de penser et envisager les choses sous un nouvel angle. Il est en effet possible de recourir à une nouvelle approche dans presque tous les domaines. Abraham Maslow a déjà dit que, par exemple, faire une soupe vraiment excellente pouvait être un acte aussi créatif que brosser un tableau de maître ou écrire une symphonie inoubliable. Il est possible de trouver de nouvelles façons d'aborder la musique, la peinture, la cuisine, l'ingénierie, la menuiserie, la comptabilité, le droit, l'économie, les loisirs et les sports tout en étant célibataire.

Il faut dissiper toute notion romantique de créativité

Si vous n'êtes pas encore fermement convaincu d'être un génie créateur, oubliez toutes les notions romantiques que vous pourriez avoir à propos de la créativité. Ces notions mériteraient d'être réservées pour des choses plus importantes comme trouver un ou une partenaire pour vous marier, si tel est votre désir, bien sûr. La créativité n'est pas un cadeau que les dieux octroient seulement à certains artistes ou à certains musiciens. Elle n'est pas tributaire de souffrances interminables et ne doit pas non plus être cousine de la folie. Certaines personnes s'imaginent que, pour être créatives, il est essentiel qu'elles puissent bénéficier des facteurs suivants, en tout ou en partie.

✓ Posséder un rare talent artistique.

✓ Avoir eu des parents qui encourageaient la créativité.

✓ Avoir étudié les beaux-arts.

✓ Être surdoué de l'hémisphère droit du cerveau.

✓ Posséder un quotient intellectuel très élevé.

✓ Avoir fait montre d'indépendance très tôt dans son enfance.

En effet, on pense souvent que la créativité est une question de compétences exceptionnelles, de capacités, de connaissances ou d'efforts. En fait, aucun des facteurs ci-dessus n'est essentiel pour réussir de façon créative. Si l'on regarde de près les créateurs, on s'aperçoit qu'ils créent comme ils respirent. Ils expriment l'excellence et la créativité tout simplement parce qu'ils ont choisi de le faire. Les personnes créatives ne croient pas qu'elles ont besoin d'un talent exceptionnel pour l'être.

> *Chaque enfant est un artiste. Pour lui, le problème est de savoir demeurer artiste lorsqu'il se met à grandir.*
>
> – Pablo Picasso

Bien des gens estiment que la séquence qui va du verbe AVOIR au verbe FAIRE et au verbe ÊTRE représente la route de la créativité. Ils croient qu'une personne doit d'abord AVOIR ce que les gens créatifs ont, c'est-à-dire une intelligence exceptionnelle, un talent artistique certain, un hémisphère droit particulièrement développé et bien d'autres avantages. Ensuite, la personne doit FAIRE ce que font les gens créatifs et elle SERA créative. Tout cela est faux. Il ne faut pas croire que les gens créatifs possèdent des talents que les autres n'ont pas. Les scientifiques s'accordent pour dire que les personnes non créatives possèdent tout ce qu'il faut pour le devenir.

Ainsi ai-je rencontré bien des gens qui disaient vouloir devenir auteur. Plus que « d'être » auteur, ce qui exige des efforts et un engagement, la plupart de ces aspirants aux métiers de la plume voulaient jouir de tous les avantages dont bénéficient les écrivains à succès. Ils veulent un ou deux best-sellers sur lesquels leur nom figure en lettres de quatre centimètres de haut et être mêlés aux activités médiatiques, grandes comme petites, auxquelles se livrent les noms les plus célèbres de la littérature, comme participer à des colloques d'écrivains et passer à la radio et à la télévision.

« Être » un auteur ne survient pas après avoir pondu un best-seller et être passé à la télé pour en faire la promotion.

Les aspirants auteurs ne peuvent même pas faire ce que font les auteurs et bénéficier de ce qu'ils ont à moins de commencer par « être » réellement créatifs. On ne devient pas auteur par ce qu'on fait ou ce qu'on a, mais après avoir fait le choix d'en « être » un, ce qui mène éventuellement à faire ce que les auteurs confirmés font et à bénéficier des mêmes avantages.

> *Le bonheur réside dans la joie d'accomplir quelque chose et l'émotion de l'effort créateur.*
> – Franklin Roosevelt

Il suffit de mettre de l'ordre dans les éléments précédemment cités pour trouver la voie de la créativité. La séquence devrait se lire ainsi : « être », « faire », « avoir ». Nous devons donc d'abord choisir d'« être » créatifs. Nous devons ensuite « faire » les choses que font les gens créatifs. « Avoir » ce qu'ils ont coulera de source. Pour un auteur, « avoir » veut le plus souvent dire être satisfait d'avoir mené son projet à terme et le bonheur d'avoir relevé un défi et de l'avoir mené à terme.

Ce concept n'est pas nouveau. Le taoïsme exalte l'importance d'ÊTRE. La philosophie chinoise taoïste a été consignée par Lao-Tseu voilà déjà 2500 ans, dans un ouvrage intitulé le *Tao-tö king* ou *Daodejing*. Lao-Tseu met de l'avant le principe que, pour être vraiment vivant, vous devez d'abord « être ». Dès que vous avez maîtrisé l'art d'« être », le « faire » et l'« avoir » suivront naturellement. « Être » est un état actif, un processus créateur qui vous permet de changer et de grandir en tant que personne. Il faut donc « être » créatif, sous peine de ne rien être du tout.

Une journée artistique pour des personnes pas précisément artistes

L'une des façons de mieux vous connaître et de reconnaître l'artiste et le créateur en vous est de décréter chaque semaine une « Journée de l'artiste et de la créativité ». Appelez cette journée comme bon vous semblera, mais elle doit être une parenthèse pendant laquelle vous célébrerez votre imagination ainsi que ce qui vous intéresse le plus au monde. Peu importe que vous pensiez ne pas avoir de talent pour les arts : cette parenthèse hebdomadaire pendant laquelle vous vous réserverez du temps déclenchera chez vous la manifestation de talents que vous n'avez pas utilisés depuis un certain temps ou que vous croyiez pas posséder.

Au cours de cette journée hebdomadaire, faites pendant les trois premiers mois une chose que vous avez toujours rêvé d'accomplir ou à laquelle vous vous êtes déjà consacré, mais que vous avez mise de côté. Il est important d'exercer cette activité en solo. Ce n'est pas le moment d'endurer la critique des autres, mais bien de savourer le plaisir de la solitude.

> *Très peu de gens font quelque chose de créatif après l'âge de trente-cinq ans. La raison en est que très peu de gens font preuve de créativité avant cet âge-là.*
>
> – Joel Hildebrand

Si vous n'avez pas utilisé les dons que le ciel vous a accordés à la naissance, le fait de redécouvrir votre créativité embellira votre vie. Écrire constitue un moyen d'y parvenir. Il peut s'agir d'un roman autobiographique ou d'un journal dans lequel vous écrirez l'histoire de votre vie. Si écrire ne vous attire pas, essayez la sculpture sur bois ou remettez à neuf une vieille voiture. Cette activité peut être purement artistique comme la peinture, la sculpture, l'écriture, la photo (même si certains puristes la considèrent « moins artistique »). Commencez par faire une liste de quinze activités auxquelles vous aimeriez vous consacrer ou que vous auriez toujours voulu poursuivre. En voici quelques-unes.

> *Peindre un beau tableau est beaucoup plus important que de le vendre.*
>
> – Edward Alden Jewell

- ✓ Écrire un livre.
- ✓ Peindre une série de toiles.
- ✓ Critiquer dix films.
- ✓ Explorer tous les lieux historiques de votre région.
- ✓ Écrire quelques chansons.
- ✓ Photographier toutes les espèces d'oiseaux de votre région.
- ✓ Faire le tour des restaurants pour découvrir leurs spécialités.
- ✓ Assister à des concerts, à des opéras, à des pièces de théâtre, et faire la critique de ces spectacles.
- ✓ Apprendre à jouer d'un instrument.

Une fois votre liste établie, choisissez votre activité préférée et pratiquez-la avec concentration. Vous devez la poursuivre pendant au moins une douzaine de semaines. Après ce laps de temps, vous deviendrez à votre manière artiste et créateur. L'important est de mettre en branle le processus, non de viser les résultats. Ainsi, si vous avez choisi d'écrire un roman, il n'est pas important qu'il soit publié. Ce qui est capital, c'est que vous ayez réussi à l'écrire au lieu de vous contenter d'y penser.

Dès que vous vous mettrez à écrire ou à peindre, vous commencerez à découvrir votre créativité. Vous apprendrez aussi à apprécier votre solitude. Votre « Journée de l'artiste et de la créativité » vous branchera en ligne directe sur les capacités de création que vous avez toujours possédées, mais qui ont été mises en veilleuse. Vous découvrirez aussi que vous êtes beaucoup plus créatif que vous ne le pensiez.

Lorsque vous terminerez votre projet, vous ressentirez une grande satisfaction et beaucoup d'assurance. Vous pourrez aussi célébrer votre exploit. Si vous avez pris l'initiative d'écrire un livre, vous pourrez prendre le risque de le montrer à vos parents et à vos amis. Si vous avez peint une série de tableaux, qu'importe si certains les considèrent comme des croûtes ? Peu importe ce que vous avez créé, vous aurez l'incroyable sentiment d'avoir accompli quelque chose, car vous aurez réussi à percevoir chez vous des capacités de création que vous ne pensiez pas posséder. Prendre le temps de faire quelque chose d'imaginatif et de se consacrer à soi-même sur une base régulière vous aidera à acquérir plus de confiance en vous et le courage de vivre comme une personne célibataire heureuse.

La lettre qui suit m'a été envoyée par un lecteur de Winnipeg en février 1995. Elle montre bien la force morale que peut vous donner la découverte de votre créativité.

Cher Monsieur,

Votre livre « L'art de ne pas travailler » souligne une foule de choses qui clochent dans notre société, comme le matéria-lisme crasse et l'attitude idiote que nous adoptons envers le travail. Ce qui m'a toutefois le plus impressionné, c'est la façon dont vous avez insisté sur le fait que les gens devraient utiliser leur créativité et leur sens de la création pour jouir davantage de la vie.

Après vous avoir lu, j'ai commencé à envisager l'existence sous un jour entièrement différent. À ma plus grande surprise, j'ai découvert chez moi un côté créateur que je ne pensais jamais avoir. Au cours de l'année qui vient de s'écouler, je me suis donc mis à écrire un livre et je ne me suis jamais senti si bien en réalisant quelque chose. Si bien, en fait, que je n'ai pu résister à l'envie de vous écrire. Tout en élaborant mon livre, je me suis donné pour devise ce que vous mentionnez à la page 131 du vôtre : « Si une seule personne autre que vous-même prend plaisir à vous lire, considérez cela comme une réussite. Considérez tous vos autres lecteurs comme des cadeaux inattendus. »

Bien à vous,

N.K.

Que l'on écrive ou que l'on apprenne le piano, un exutoire créatif vous aidera à apprécier votre solitude et à confirmer votre créativité. La différence entre les personnes créatives et celles qui ne le sont pas est que celles qui le sont ont la conviction de l'être. Elles savent que la créativité peut s'apprendre. Les gens imaginatifs ne nient pas leurs capacités et leur potentiel. Ils réalisent qu'ils doivent faire un choix : celui de se montrer créatifs.

Pour se montrer plus créatif, il faut oublier ce que l'on sait

Pour être plus créatif, essayez de mettre de côté votre savoir. Il vous faut remettre en question et parfois oublier tout ce que vous connaissez. Le savoir n'est pas la créativité. La connaissance porte sur ce que vous savez déjà. La créativité, sur ce que vous ne savez pas mais que vous avez bien l'intention de découvrir.

La distinction entre la créativité et le savoir est importante. Stephen Leacock, le célèbre humoriste, avait

> *Pléthore de connaissances est maléfique.*
> – Chuang-Tzou

coutume de dire : « Personnellement, j'aurais préféré écrire *Alice au pays des merveilles* plutôt que toute l'*Encyclopédie britannique.* » Albert Einstein disait à peu près la même chose lorsqu'il affirmait que l'imagination est bien plus importante que le savoir. Bref, ces deux célébrités s'entendaient sur l'essentiel.

Les chercheurs ont découvert que l'intelligence émotionnelle et la capacité de créer sont beaucoup plus importantes pour réussir dans la vie que le savoir accumulé ou encore l'intelligence académique. Nombreux sont les universitaires et les intellectuels qui n'hésitent pas à étaler leur savoir, mais qui font piètre figure lorsqu'il s'agit de se montrer imaginatifs. En se concentrant sur leurs connaissances, bien des universitaires, brillants au demeurant, ne pensent pas de manière créative. Ils possèdent des habitudes mentales autodestructrices et se retiennent de relever de nouveaux défis parce qu'ils ne possèdent pas le jugement émotionnel nécessaire pour le faire. Les intellectuels passent beaucoup de temps à analyser des questions théoriques ou spéculatives, ce qui les empêche souvent d'exercer leur capacité à développer une créativité leur permettant de faire face à la réalité.

N'est-il pas temps de remanier votre esprit ?

On estime que chaque cerveau humain renferme un million de millions ou encore 1 000 000 000 000 de cellules. Malgré ce nombre astronomique de cellules à leur disposition, trop de gens n'en utilisent qu'une partie infinitésimale – dix pour cent, selon certains chercheurs. En gaspillant ainsi 90 pour cent du potentiel de notre cerveau, on ne se surprendra pas que la plupart d'entre nous ne pèchent pas par excès de créativité. D'ailleurs, 95 pour cent des gens sont mécontents de leurs performances à ce chapitre.

> *Si vous faites le vide dans votre esprit, celui-ci est toujours prêt à toute virtualité, ouvert à tout. Dans l'esprit du débutant, bien des possibilités existent, mais, dans celui du spécialiste, il en existe peu.*
>
> – Principe zen

Être créatif, c'est être capable de remettre en question le pourquoi et le comment de certaines choses. C'est se montrer vigilant plutôt qu'endormi. Nous faisons tous des choses idiotes ou acceptons de nous soumettre à ce bourrage de crâne de la société qui nous fait faire des choses stupides qui sont, au mieux, risibles.

Dans le même ordre d'idées, nous ne nous arrêtons pas à nous demander pourquoi nous accomplissons des actes que l'on pourrait considérer comme idiots ou suspects. On trouvera plus loin les choses que les gens font sans vraiment réfléchir sur leurs mérites ou sans voir combien improductifs peuvent être les résultats qu'ils en tirent. Dans la plupart de ces exemples, les gens qui agissent de cette manière ne semblent certainement pas prêts à utiliser plus d'un millier de leurs 1 000 000 000 000 cellules, ne serait-ce que pour remettre en question les raisons pour lesquelles ils agissent ainsi.

TROP DE NOS CONTEMPORAINS FONT DES CHOSES PEU CRÉATIVES OU DISCUTABLES, AINSI :

✓ Les détenteurs de MBA qui pensent que presque tout ce qu'ils ont appris au cours de leurs études s'applique dans la pratique.

✓ Les gens en bonne santé et parfaitement valides qui s'imaginent que les gouvernements doivent tout faire pour eux.

✓ Les célibataires qui croient qu'un ou une partenaire leur tombera dans les bras et viendra régler tous leurs problèmes.

✓ Les gens qui pensent que le seul moyen de s'enrichir est de gagner à la loterie.

✓ Ceux et celles qui sont incapables de penser à plus d'une manière de permettre à un œuf de tenir debout.

✓ Les accros des réseaux d'achats par télévision ou par Internet.

✓ Les réviseurs qui ergotent indéfiniment sur les mérites respectifs des adverbes explétifs et anaphoriques.

✓ Les gens incapables d'imaginer au moins un rébus.

✓ Les m'as-tu-vu qui font du jogging sur la chaussée, alors qu'il existe de larges trottoirs ou des pistes réservées à cet effet.

✓ Les agences de publicité qui récupèrent servilement les tendances les plus sordides de la population.

✓ Les gens qui passent des journées entières à imaginer de nouveaux palindromes.

✓ Les gens qui savent ce qu'est un palindrome.

✓ Les gens qui croient qu'Elvis est vivant et que Dieu est mort.

✓ Les gens qui ont travaillé pendant trente ans sans jamais se faire congédier une seule fois.

✓ Les gens qui font des chaînes de lettres dans l'espoir de gagner de l'argent.

✓ Les m'as-tu-vu qui affichent ostensiblement leur différence pour bien montrer qu'ils suivent la dernière mode.

✓ Les gens qui gagnent 50 000 $ par année[15] et s'adonnent à la kleptomanie.

✓ Les gens qui possèdent plus de 20 paires de chaussures.

✓ Tous ceux et celles qui se reconnaissent dans cette liste et me vouent aux gémonies.

✓ Tous ceux et celles qui ont l'idée de dresser de telles listes.

✓ Tous ceux et celles qui prennent cette liste au sérieux.

> *Une personne très créative peut davantage faire preuve de sagesse et de vertu qu'un collectif ne le pourra jamais.*
> – John Stuart Mill

D'une certaine façon, la pensée créatrice n'est rien d'autre que du bon sens commun. C'est la capacité de remettre les choses en question et d'agir en conséquence. Un doctorat ou un niveau d'intelligence supérieur ne peut remplacer l'expérience combinée au pouvoir de l'imagination. Harry Gale eut l'occasion de le découvrir en 1995 lorsqu'il fut évincé de son poste de directeur exécutif de la MENSA britannique, une association composée de personnes possédant un quotient intellectuel très supérieur à la moyenne et représentant environ deux pour cent de la population. En quittant cette association par ailleurs élitiste, Harry Gale comprit enfin et fonda une organisation concurrente, la Psicorp, qui recrute de brillants cerveaux dans toutes les couches de la société. Au cours d'une interview qu'il accorda au *Sunday Times* de Londres, Gale n'hésita pas à déclarer qu'à la lumière de son expérience, il pouvait affirmer que le bon sens était souvent plus important que l'intelligence.

Qu'est-ce qui bloque votre créativité ?

En tant que membres de la société, nous nous évertuons tellement à acquérir du savoir et des biens matériels, ou à

---

15. Environ 250 000 FF, ou 36 000 Euros.

nous trouver un conjoint, que nous oublions que notre créativité naturelle est l'outil ultime qui peut nous aider à négocier avec la vie. En tant qu'adultes, nous avons permis à plusieurs pierres d'achoppement et à plusieurs barrières de faire obstacle à notre créativité. Dès que nous atteignons un âge moyen, nous avons pratiquement perdu toute la créativité que nous avions lorsque nous étions enfants.

Il y a quelque temps, le magazine commercial *Business Week* signalait qu'un adulte de 40 ans ne possédait que deux pour cent du pouvoir de créativité d'un enfant de cinq ans. Que s'est-il passé entre l'enfance et la maturité ? Comment avons-nous pu

> *Le jean ! Le jean est destructeur.*
> *C'est un dictateur !*
> *Il détruit la créativité !*
> *Il faut y mettre un terme !*
> – Pierre Cardin

perdre 98 pour cent de notre créativité dès l'âge de 40 ans ? De toute évidence, dès que nous voulons exprimer notre imagination, nous faisons face à plusieurs obstacles. En voici quatre.

✓ La société
✓ Les établissements d'enseignement
✓ Les organisations
✓ Nous-même

Nous sommes nous-même l'obstacle principal à notre créativité puisque nous permettons à la société, aux établissements d'enseignement, aux organisations de nous influencer. Nous dressons ainsi des barrières individuelles qui nous privent du plaisir d'utiliser notre imagination. La peur de l'échec est l'une des causes les plus pernicieuses de la disparition de notre créativité. Derrière cette peur se cachent notre paresse et notre perception des choses. Tous ces facteurs peuvent interagir lorsque nous acceptons le défi d'entreprendre de nouveaux projets.

Dix-sept principes pour redécouvrir votre créativité

Pour redécouvrir et utiliser votre créativité, commencez par suivre les dix-sept principes de créativité qui constituent la base de mon livre *The Joy Of Not Knowing It All*[16], ces dix-sept

16. *La joie de ne pas tout savoir* : pour l'instant, cet ouvrage n'a pas été traduit en français.

principes peuvent s'appliquer aussi bien à des questions personnelles qu'à votre carrière ou au domaine des affaires. Dès que vous appliquerez ces principes de créativité au travail comme dans vos loisirs, votre vie s'en trouvera considérablement changée, peu importe votre métier ou votre âge.

LES DIX-SEPT PRINCIPES DE LA CRÉATIVITÉ

✓ Décidez d'être créatif.

✓ Envisagez différentes solutions.

✓ Notez vos idées au fur et à mesure.

✓ Analysez soigneusement vos idées.

✓ Définissez vos objectifs.

✓ Considérez les problèmes comme des occasions.

✓ Cherchez ce qui est évident.

✓ Prenez des risques.

✓ Ayez le courage d'agir différemment des autres.

✓ Soyez déraisonnable.

✓ Amusez-vous et soyez un peu fou à l'occasion.

✓ Soyez spontané.

✓ Travaillez dans le présent.

✓ Repensez votre façon de voir les autres.

✓ Remettez en question règles et hypothèses toutes faites.

✓ Retardez votre décision.

✓ Soyez tenace.

La chose la plus importante à retenir est que s'il existe quelqu'un à qui l'on peut imputer la responsabilité de bloquer votre imagination, c'est bien vous-même. Malgré toutes les barrières et les influences qui peuvent affecter notre créativité, les spécialistes concluent que tout le monde naît avec un potentiel qu'il suffit de découvrir. Faire preuve de plus de créativité dans les domaines de l'écriture, de la peinture ou de la danse, chercher à découvrir une nouvelle voie ou tenter de rencontrer une nouvelle personne

Les esprits créatifs ont toujours été connus pour leur capacité à survivre à n'importe quelle sorte de formation déficiente.

– Anna Freud

sont des actions qui n'exigent pas de talents particuliers. Ce qu'il faut, c'est la volonté de faire preuve d'imagination en faisant appel aux dix-sept principes de créativité évoqués précédemment.

Quel est donc le vrai problème ?

En appliquant ces principes de créativité pour résoudre vos problèmes, vous donnerez un nouvel élan à votre carrière et à votre vie personnelle. Mais tout d'abord, je dois insister sur l'importance de bien les définir. Par exemple, vous pensez être malheureux parce que vous n'avez pas de conjoint poten-

> *Un problème correctement posé est un problème à moitié résolu.*
> – Charles F. Kettering

tiel, alors que votre vrai problème se situe simplement au niveau d'un manque d'estime de vous-même. En mettant en œuvre une série de solutions vous permettant de trouver un conjoint, vous y parviendrez peut-être, mais le problème ne sera pas résolu pour autant puisque la piètre estime que vous avez de vous-même sera toujours présente. En définissant correctement le problème, il vous sera plus facile de trouver une solution.

Pour vous montrer combien il est crucial de définir un problème, je voudrais vous donner un exemple. Un jour, je donnais une conférence à de jeunes adultes au Banff Springs Hotel. Alors que je m'apprêtais à commencer, le technicien de l'hôtel me retint en me signalant qu'il y avait des parasites dans le système de sonorisation. Il me demanda de fermer mon micro sans fil, ce que je fis. Les parasites se firent encore entendre. Il me demanda alors de couper l'amplificateur. Je m'exécutai, mais un son lancinant continua à se faire entendre. J'avais déjà quinze minutes de retard. À notre plus grande surprise, bien que tous les appareils aient été mis hors tension, le son persistait.

C'est alors que je me suis demandé si nous avions bien défini quel était en fin de compte le problème. En me dirigeant vers le fond de la salle, je ne tardai pas à comprendre : quatre adolescents s'amusaient à passer leur doigt mouillé sur le bord de leurs verres pour les faire « chanter ». Cela produisait un sifflement similaire aux réactions parasites que l'on trouve dans les systèmes de sonorisation mal isolés ou mal réglés. Faute d'avoir défini quel était vraiment le problème, nous aurions pu chercher longtemps...

N'oubliez jamais de consacrer un peu – sinon beaucoup – de temps à déterminer quel est véritablement votre problème. Quelle est l'utilité de générer une foule de solutions ingénieuses si nous n'avons aucune idée de la nature véritable du problème ?

Créer l'occasion plutôt qu'attendre qu'elle tombe du ciel

La plupart d'entre nous ont tendance à appliquer une méthode unique pour accomplir la plupart de leurs tâches. Si elle ne fonctionne pas, nous nous accrochons et trouvons quelqu'un ou quelque chose à blâmer pour une situation devenue impossible. Nous ne pensons pas à trouver une autre méthode, même si elle était plus rapide, plus efficace et plus économique. Être créatif, c'est être capable d'envisager ou d'imaginer des façons de réaliser une foule de choses même quand on a des problèmes. La créativité consiste à exercer plusieurs options auxquelles nous ne ferions pas appel si nous ne les recherchions pas. Consacrer un peu de temps pour creuser la question peut, comme l'exercice suivant le prouve, déboucher sur des solutions astucieuses.

Supposons que les chiffres de l'équation ci-dessous soient composés à l'aide d'allumettes en carton. Ainsi posée, l'équation est fausse, bien sûr. Pouvez-vous la corriger en ne déplaçant qu'une seule allumette ?

$$III - II = IV$$

L'un des plus importants principes de la créativité est qu'il existe deux solutions ou plus à tous les problèmes de la vie ou presque. Si vous n'avez trouvé qu'une seule solution à l'exercice ci-dessus, c'est que vous n'avez pas suffisamment fait d'efforts pour le résoudre. Les gens les plus créatifs n'ont aucun mal à imaginer au moins sept solutions. Beaucoup de personnes en trouveront environ cinq et certaines arrêteront au bout d'une ou deux. (On trouvera certaines de mes solutions à la fin de ce chapitre.)

> *Ce n'est pas qu'ils ne peuvent entrevoir de solution : c'est qu'ils ne voient pas le problème.*
> – G.K. Chesterton

Si vous avez mis un terme à cet exercice après n'avoir trouvé qu'une solution ou deux, cela veut-il dire que vous feriez de même dans la vie de tous les jours ? Si tel est le cas, vous manquez alors bien des occasions intéressantes alors qu'il existe une multitude de solutions et, dans certains cas, une infinité de solutions.

Le nombre de façons dont vous pouvez utiliser votre imagination pour améliorer votre vie tout en demeurant célibataire est également illimité. En faisant l'effort de vous montrer plus créatif, vous acquerrez une plus grande estime de vous-même, vous améliorerez votre croissance personnelle, vous ferez preuve de plus d'enthousiasme pour résoudre des problèmes,

> *La plupart des gens préféreraient mourir plutôt que réfléchir... En fait, c'est d'ailleurs ce qui leur arrive.*
> – Bertrand Russel

vous augmenterez votre confiance en vous pour affronter de nouveaux défis et vous aurez un point de vue différent sur le travail et la vie en général.

Afin de saisir les occasions qui se présentent dans la vie, il importe de déborder de ce qui est disponible et évident. Que devons-nous faire pour créer une multitude de nouvelles solutions ? Il est essentiel d'oublier les vieux schémas et de faire le vide, pour se trouver dans un état de néant, car c'est du néant qu'émerge l'occasion. Lorsque nous laissons tomber les vieilles solutions et les anciennes manières de penser, c'est sur cette table rase que nous pouvons créer.

Être différent engendre... toute une différence !

Les normes sociétales nous dictent souvent comment agir, ainsi que les objectifs que nous devons poursuivre. Nous pensons que, pour nous sentir bien, tout le monde ou du moins le plus grand nombre de gens possible doit nous aimer. Ainsi, simplement pour appartenir à un groupe, nous finissons par faire des choses qui n'ont rien à voir avec notre nature profonde. C'est à ce moment-là que nous perdons le sens de notre véritable identité.

Si vous tenez à mener une existence anonyme, ne vous gênez pas et faites comme tout le monde. Se conformer à la société et penser comme le reste du troupeau est une autre manière d'adopter la voie de la facilité pour une question de confort à court terme. Rien ne vous distingue de la masse. Le résultat est que vous vous intégrez et que tout le monde vous aime un petit peu. Toutefois, à long terme, la vie est difficile parce que votre respect humain est pris à parti et que vous n'avez pas la satisfaction d'avoir accompli quelque chose de vraiment original.

Il est indiscutable que le fait d'être non conformiste et de ne pas s'intégrer peut engendrer souvent des situations inconfortables. Vous devrez endurer que des gens vous critiquent, voire vous conspuent. L'intérêt, à long terme, est que vous gagnerez le respect de vous-même et beaucoup de satisfaction. D'autres personnes très motivées finiront par vous admirer et par vous féliciter pour le courage dont vous avez fait preuve en vous retranchant des foules apathiques.

> *Tous les arts profondément originaux semblent peu attirants au premier coup d'œil.*
> – Clement Greenberg

Ne vous conformez pas simplement pour être aimé et accepté par le groupe. Soyez quelqu'un qui a quelque chose d'unique à offrir aux autres, qui aime les personnes et non les clones. En vous opposant à la politique du statu quo et en vous retranchant du troupeau, vous prendrez conscience de ce que vous êtes vraiment.

Être différent signifie « ne pas faire quelque chose parce que tout le monde le fait ». Lorsque quelqu'un vous dit : « Faites comme tout le monde », vous devriez marquer un temps d'arrêt et penser à l'absurdité de cette phrase. Lorsque nous faisons quelque chose parce que tout le monde le fait, nous sommes fortement influencés par l'instinct grégaire.

> *Je me fiche royalement de tout homme qui refuse d'admettre que certains mots puissent s'épeler de plusieurs façons.*
> – Mark Twain

Il est facile de suivre le troupeau, mais moins facile d'être différent, parce que les gens vous critiqueront et vous détesteront parce que vous avez le courage de ne pas être comme les autres. Cependant, vous y gagnerez en dignité personnelle et, lorsque vous vous distinguerez et réussirez dans des domaines où les éléments du troupeau n'avaient aucune chance de réussir, vos critiques vous respecteront.

Vous avez peut-être remarqué que les gens qui suivent la foule ne font pas d'étincelles à long terme. Par contre, ceux qui accomplissent vraiment quelque chose dans plusieurs secteurs d'activités sont invariablement différents des autres. En voici quatre exemples.

✓ Anita Roddick

✓ Margaret Thatcher

✓ Nelson Mandela

✓ Richard Branson

Anita Roddick est très différente de la plupart des gens d'affaires. Par exemple, chaque semaine, elle donne une demi-journée de congé payé à ses employés à condition qu'ils se portent bénévoles pour une œuvre de charité ou une association à but non lucratif. Madame Roddick est la fondatrice de The Body Shop, la plus importante et la plus rentable des sociétés de cosmétiques au Royaume-Uni. Cette entreprise est aussi connue en Grande-Bretagne – et presque autant au Canada – que peuvent l'être Coca Cola et MacDonald aux États-Unis. Anita Roddick n'a pas de MBA et a probablement réussi parce qu'elle n'en avait pas. Elle aime répéter : «Nous avons réussi à survivre parce nous n'avons pas de connaissances rationnelles dans le domaine des affaires. »

Margaret Thatcher fut le premier ministre britannique qui conserva le plus longtemps son poste au dernier siècle. Il est intéressant de noter qu'à la suite d'un sondage mené en 1988 par le Musée de cire de Madame Tussaud, à Londres, on la considérait comme la seconde personne la plus détestable parmi celles du passé et de l'époque actuelle. Seul Adolf Hitler lui damait le pion ! En 1983, elle avait remporté la quatrième place et en 1978, la troisième. Bref, on la détestait, mais on la respectait. Nul doute qu'on devait aussi aimer la Dame de fer, puisqu'elle fut élue à trois reprises…

En 1994, après avoir réussi à éliminer l'apartheid de son pays, Nelson Mandela devint le premier président noir d'Afrique du Sud. Dans les années soixante, alors qu'il luttait contre la discrimination raciale, il fut condamné pour sabotage et trahison par les autorités racistes du Cap. Après avoir passé 27 ans en prison, on le libéra. Mandela avait payé le prix de sa remarquable ascension à la tête de son pays et avait pavé la route de l'indépendance en agissant différemment des autres.

Richard Branson est considéré par les hommes d'affaires du Royaume-Uni comme une sorte de guignol. Au cours des dernières années, ils ont tout fait pour le discréditer. Virgin Atlantic Airways, le transporteur aérien qu'il a fondé, fut traîné dans la boue par la direction de British Airways mais empocha la bagatelle de 750 millions de dollars rien que sur le marché britannique. Deuxième société de transport de son pays, Virgin Atlantic Airways mise sur la jeunesse, l'indépendance, le culot, et a pour mascotte le personnage favori de Branson, Peter Pan[17].

> *Nous négligeons les trois quarts de nous-mêmes pour être comme les autres.*
>
> – Arthur Schopenhauer

Richard Branson est un sacré original, mais il a réussi et il est grandement admiré du public britannique. La BBC fit un sondage pour savoir qui, de l'avis du public, devait être chargé de réécrire les dix commandements. Le nom de Branson fut cité en quatrième place après Mère Teresa, le pape, et l'archevêque de Canterbury ! Il ne fait aucun doute que les hommes d'affaires constipés qui le traitent de guignol seraient prêts à donner dix ans de leur vie pour jouir de la popularité et de l'estime dont Branson jouit en Grande-Bretagne.

Remarquez que si vous désirez obtenir ne serait-ce qu'une infime portion de la notoriété publique de Branson, ce n'est

> *En effet, ce que je pense n'a rien de commun avec ce que vous pensez, et vos façons d'agir n'ont rien de commun avec les miennes.*
>
> – La Bible, Isaïe 55 : 8

certes pas en suivant la foule que vous y parviendrez. Pour parler de mes livres et de mon mode de vie, j'ai personnellement reçu une bien modeste part de publicité sous forme d'articles de journaux et de magazines, d'interviews à la radio et à la télévision, de participations à des émissions. S'il avait fallu que j'en assume les frais, cette publicité gratuite m'aurait coûté l'équivalent de 200 000 $, d'autant plus que la publicité payée est moins crédible et moins efficace que la publicité gratuite. Ce n'est certes pas en suivant le troupeau que j'aurais pu obtenir cette réclame à bon compte.

---

17. La fortune de Richard Branson commença avec la mise sur pied de Virgin Records, une société de disques à la popularité considérable vendue plus tard à EMI. En 1999, le chiffre d'affaires des intérêts Virgin encore détenus par Branson s'élevait à trois milliards de livres sterling. (N.d.T.)

Si vous êtes la copie conforme de quelqu'un d'autre, il y a de fortes chances que vous n'aurez même pas vos quinze minutes de célébrité promises par Andy Wharhol[18]. Les journaux ne sont pas là pour parler des inconnus, mais pour fournir des histoires susceptibles d'intéresser leurs lecteurs. J'ai découvert depuis longtemps que si je voulais augmenter considérablement les chances que les médias écrits parlent de moi, il me fallait suivre ces trois principes :

✓ Être le premier.

✓ Être différent.

✓ Oser.

Dick Drew, un présentateur au réseau anglais de Radio-Canada et auteur d'un ouvrage sur les Canadiens qui ont réussi,

> *Toutes les grandes idées sont controversées ou l'ont été à une certaine époque.*
> – George Seldes

a fait imprimer cette longue citation sur ses cartes de visite. J'ai trouvé ces mots si dynamisants que je conserve la carte de Drew dans mon portefeuille afin de la relire de temps à autre. En voici le texte.

« Si vous suivez la foule, vous ne vous rendrez guère plus loin qu'elle. Si vous marchez seul, vous finirez dans des endroits où personne n'a jamais mis les pieds.

Être un gagneur n'est pas facile, car l'originalité attire le mépris. Lorsqu'on est en avance sur son temps, il est triste de constater que lorsque les gens réalisent finalement que vous aviez raison, ils se contentent de dire que, depuis le début, cela était évident pour tout le monde.

Il vous reste deux choix dans la vie. Vous pouvez vous fondre dans la masse ou choisir d'être une personne gagnante et ainsi, vous distinguer. Mais, pour y arriver, il faut être différent et, pour être différent, il vous faudra lutter pour devenir ce que personne ne peut être à votre place. »

Si vous essayez toujours de vous conformer dans l'espoir d'être aimé de tous, vous finirez peut-être par être apprécié

---

18. En tant que personnage de la faune new-yorkaise, Andy Warhola, dit Warhol (1928-1987), l'un des pères du Pop Art, était très en demande dans les médias pour donner son avis sur tout et n'importe quoi. Il avait notamment déclaré qu'étant donné la multiplication des moyens de communication, le moindre inconnu aurait son quart d'heure de célébrité au moins une fois dans sa vie.

modestement par le groupe mais personne ne vous aimera vraiment. Ce n'est pas en suivant le troupeau qu'on reconnaîtra vos qualités ou que vous obtiendrez la célébrité. En tant que personne unique, vous méritez d'être traité en conséquence. Alors, pourquoi essayer de ressembler à tout le monde ?

Soyez raisonnable : payez-vous une journée déraisonnable

Lorsque tous les hommes pensent de la même façon, cela veut dire qu'on ne pense guère.

– Walter Lippman

« Ça ne marchera jamais. C'est une idée stupide. Tout le monde vous prendra pour un toqué... » Si vous avez émis une idée se démarquant nettement de l'ordinaire, il y a de fortes possibilités pour que vos collègues, vos amis et les membres de votre famille vous répètent jusqu'à saturation que ça ne fonctionnera pas. La société et nos établissements d'enseignement nous ont programmés à être raisonnables. Le problème est que nous le sommes trop. Nos voix intérieures décrètent rapidement que plusieurs de nos idées sont « déraisonnables » alors qu'en fait elles peuvent comporter de grands mérites. Être déraisonnable et s'aventurer là où les autres ne voudraient jamais poser le pied peut donner des résultats remarquables. Je me contenterai de citer les deux exemples qui suivent.

En 1989, une résidante du Tennessee, Jane Berzynsky, lut dans un journal à potins que le comédien Bob Cummins divorçait pour la quatrième fois. Elle décida de ne pas être raisonnable et de lui envoyer une lettre, même si elle ne lui avait jamais parlé – ne serait-ce qu'au téléphone – ni ne l'avait rencontré. Elle y ajouta sa photo. Cummins, qui est du signe astrologique des Gémeaux, vérifia avec son astrologue si le signe de Mlle Berzynsky (le Verseau) était compatible avec le sien. Il devait l'être puisqu'il lui envoya un billet d'avion pour Los Angeles. Jane Berzynsky finit par devenir la cinquième Mme Cummins pour avoir été suffisamment déraisonnable aux yeux de la plupart des gens.

Le second exemple concerne l'animateur Pierre Brassard, du poste CKOI-FM de Montréal qui, en avril 1995, fit quelque chose de complètement déraisonnable. Il décida d'appeler le Vatican dans l'espoir de parler au pape. Rien de plus déraisonnable en effet, car – un prélat montréalais le confirma par la suite – même un cardinal n'essaierait jamais d'appeler directement le pape. Les adjoints de Brassard finirent par obtenir le Saint-Père, même s'ils usèrent d'un stratagème un peu tordu qu'ils préfèrent qualifier de « créativité » : ils prétendirent que Brassard était nul autre que Jean Chrétien, premier ministre du Canada. Une conversation de 18 minutes se poursuivit en français entre Brassard et le pape. Il s'agissait en fait d'inepties sans aucune portée. Ainsi, à un moment donné, Brassard demanda au pape s'il avait l'intention d'ajouter une petite hélice au sommet de sa calotte, mais Jean-Paul ne comprit pas la question[19]. Dans toute l'Amérique du Nord, les reporters des stations de radio jalousèrent Brassard, car nombreux étaient ceux qui avaient tenté de rejoindre sans succès le souverain pontife pour lui poser des questions pertinentes. Les producteurs de TNN et du *David Letterman Show*[20] finirent même par appeler CKOI-FM pour enregistrer la conversation entre Brassard et le pape !

> *Ne vous en faites pas pour ceux qui vous piquent vos idées. Si vos idées ne sont pas bonnes, il vous faudra les enfoncer à coups de marteau dans la tête des gens.*
>
> – Howard Aiken

Nous sommes tous victimes du jugement de nos voix intérieures. Notre côté rationnel peut apparaître soudainement et détruire une idée avant qu'elle ait la possibilité de se développer. Faute d'avoir eu leur chance, nombre de bonnes idées ne se concrétisent jamais. Nous avons tendance à trouver quelque chose de négatif dans ces concepts et à nous en débarrasser promptement. L'inverse est également vrai. Nous pouvons parfois accepter une idée d'emblée sans tenir compte de son aspect négatif. Ces voix intérieures qui jugent ont tendance à classer les choses de manière dualiste : tout en blanc ou tout en noir. Nous finissons donc par passer 95 pour cent de notre temps à juger des gens et des événements et à décider s'ils sont bons ou mauvais, justes ou injustes.

> *Levons notre verre à la folie et aux rêves, parce ce sont-là les seules choses raisonnables.*
>
> – Paul-Loup Sulitzer

Si, chaque semaine, vous désignez une journée que vous qualifierez de « déraisonnable » et que vous la passez à défier

---

19. Les calottes à hélice sont des jouets – plutôt dépassés – pour enfants américains. On ne les retrouve guère que chez les personnages de bandes dessinées. (N.d.T.)
20. Talk-show très populaire à la télévision américaine.

le jugement de vos voix intérieures, vous vous apercevrez bientôt que la vie se révélera sous un jour nouveau. Mon jour déraisonnable est le jeudi. Ce jour-là, je remets systématiquement mon jugement en question. Si je me fie aux succès que j'ai obtenus pour décrocher des interviews que je ne pensais jamais avoir à l'origine, ou encore aux personnes que j'ai pu connaître alors que je ne pensais jamais les rencontrer, j'en arrive à la conclusion qu'il est très raisonnable d'être déraisonnable. Voici quelques idées farfelues à appliquer au cours de votre « Journée déraisonnable ».

✓ Essayez d'obtenir le numéro de téléphone de trois personnes du sexe opposé que vous aimeriez rencontrer.

✓ Si vous connaissez des gens qui occupent un emploi que vous considérez comme idéal et que vous aimeriez leur parler, faites-le pendant votre journée déraisonnable.

✓ Surprenez quelqu'un avec un cadeau, un geste radicalement différents de ce que vous faites habituellement.

✓ Dites quelque chose de gentil au caissier ou à la caissière du supermarché ou du magasin à rayons.

✓ Dans tout ce que vous faites ou tentez d'entreprendre, apprenez à nager à contre-courant.

Le principe de créativité le plus important

Comme je l'ai mentionné précédemment, être créatif est essentiel à tout célibataire qui tient à être heureux, car la créativité est une force importante qui nous aide véritablement à vivre. La personne qui possède ce don découvre constamment de nouveaux événements, trouve de nouvelles manières de faire les choses et parvient à avoir une meilleure perception de l'existence. Si vous êtes nouvellement célibataire, le fait d'entrer en contact avec vos talents vous aidera à refaire votre identité et à redécouvrir votre vraie nature.

Les gens créatifs sont ceux qui font preuve de souplesse. Le taoïsme place la souplesse au rang des vertus. L'être qui s'adapte sans effort à un environnement différent et à des circonstances changeantes est celui qui survit sur cette planète. Votre capacité à faire preuve de souplesse vous aidera à modifier vos projets en plein déroulement des opérations, à répondre à des sollicitations inattendues dans les minutes qui suivent ou encore à réaménager votre emploi du temps sans faire une crise de nerfs.

LES AVANTAGES DU CÉLIBAT

✓ Vous pouvez tout laisser traîner chez vous, selon votre bon plaisir.

✓ Vous pouvez décorer votre foyer de manière aussi voyante que vous le voulez.

Il convient de rappeler combien l'imagination peut se révéler cruciale pour réussir dans la vie. Être créatif va de pair avec une attitude saine. Dans tous les domaines de l'activité humaine, ce sont les gens les plus imaginatifs qui remportent les plus grands succès à long terme. Là où les autres ne voient que des problèmes insurmontables, ils entrevoient des possibilités. Lorsqu'ils se trouvent dans des situations difficiles, au lieu de se plaindre, les personnes créatives agissent. Se servir de sa créativité revient à s'assurer dans la vie plusieurs chances de réussite : promotions, bonheur, réseau de relations intéressantes, bonne santé sur les plans physique et émotionnel.

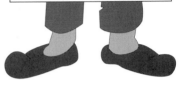

Il faut donc se montrer créatif dès aujourd'hui. Partez à la recherche de solutions. Soyez déraisonnable une journée ou plus par semaine. Soyez un peu fou, voire déjanté. En tant que célibataire, vous serez beaucoup plus heureux. En faisant preuve de créativité, le monde deviendra un meilleur endroit où vivre.

Au fait, j'allais oublier : en plus des 17 principes de créativité supplémentaires que j'ai précédemment mentionnés, il en existe un dix-huitième – qui est le plus important : ignorez

Toute idée géniale est parfaitement fascinante et... parfaitement inutile jusqu'à ce que nous choisissions de la mettre en pratique.

– Richard Bach

tous les principes de créativité qui ne s'appliquent pas à votre vie. Qui a dit qu'il existait une bonne et une mauvaise manière d'être créatif ? D'autres techniques existent. Votre objectif est d'améliorer votre capacité de voir et de générer davantage d'options dans votre vie en utilisant le plus vaste choix de techniques possibles.

SOLUTIONS DU PROBLÈME DES ALLUMETTES

✓ Déplacez l'une des allumettes du II pour obtenir :
III + I = IV. (Puisque l'une ou l'autre des allumettes
peut être déplacée, cela représente en fait deux
solutions.)

✓ Déplacez l'une des allumettes du III pour obtenir :
II + II = IV. (Cela donne en réalité trois solutions
puisque n'importe laquelle des trois allumettes peut
être déplacée.)

✓ Déplacez l'allumette verticale du V pour obtenir :
III + II = V.

✓ Déplacez l'une des allumettes du V pour obtenir :
IIII – II = I \ (la dernière allumette demeure penchée).

✓ Déplacez l'allumette du signe + pour obtenir :
IIIII = IV. On objectera que 6 n'égale pas 4 ; il suffit de
regarder l'équation dans un miroir pour obtenir :
VI = IIIII. Pour que les deux côtés s'égalent, il suffit de
compter le nombre d'allumettes à la droite de
l'équation. VI égale donc bien 6.

✓ Prenez l'allumette verticale du IV, cassez-là en deux et
utilisez ces deux parties pour former l'équation suivante :
– III – II = – V.

✓ Prenez l'une des allumettes du V et allumez-la. Brûlez
ensuite l'autre allumette qui forme le V et jetez celle
qui achève de brûler pour vous retrouver avec :
III – II = I.

✓ Déplacez l'une des allumettes du III et mettez-la sur le
signe = pour obtenir l'équation suivante : II – II ≠ IV.

chapitre 6

Comment flâner dans la vie en faisant preuve de créativité

Pas facile d'être un paresseux créatif

> *Hé l'ami ! dévoile-moi ton âme.*
> *Tu possèdes l'argent, tu possèdes l'or,*
> *Les diamants, fils des flammes.*
> *Je salue bien bas tes talents,*
> *Mais peux-tu t'acheter du temps ?*
>
> — *You Got The Silver*
> © par Mick Jagger / Keith Richards

Une caricature de Dan Piraro montre un patient se confiant à son médecin. Il demande à ce dernier : « Dites-moi, lorsque je me passe la langue sur une noix enveloppée dans du papier d'aluminium tout en tenant le grille-pain, je sens comme des chatouillements dans mes orteils... Qu'est-ce qui ne va pas, Docteur ? » Le médecin se contente de répondre : « Vous avez trop de loisirs... »

Qu'ils soient retraités, chômeurs ou actifs, nombreux sont les célibataires qui éprouvent des difficultés avec leur temps libre. Si vous n'avez pas développé l'art de gérer vos loisirs à la retraite, vous risquez de vous demander : « O.K. Qu'est-ce qu'un génie comme moi va faire maintenant ? » Vous considérerez peut-être que cette période d'inactivité est la plus grande supercherie depuis que des escrocs ont essayé de vous vendre la tour Eiffel ou de magnifiques lotissements en Floride, accessibles seulement à marée basse. Aussi curieux que cela puisse paraître, être un

> *Je devrais me marier à la hâte et me repentir dans les loisirs.*
>
> — James Branch Cahell

paresseux créatif est loin d'être facile. Il faut tout de même y consacrer des efforts et du travail. Rien de surprenant à cela : le paradoxe de la vie facile s'applique également aux loisirs.

Les gars, parfois, je ressens une envie irrésistible de travailler dur comme vous le faites. Mais il suffit de m'allonger pour que l'envie disparaisse et ensuite, je me sens bien à nouveau.

Si vous avez lu *L'art de ne pas travailler* et pensez avoir maîtrisé l'art de gérer vos loisirs, vous pouvez sauter ce chapitre. Notez toutefois que s'il couvre certains sujets similaires à ceux de mon autre livre, je tente de lui donner un nouvel éclairage sur le plan du contenu, notamment avec des citations et des illustrations.

On ne répétera jamais assez combien la gestion des loisirs est importante pour les célibataires. Lorsqu'on établit des relations avec quelqu'un, les activités de loisirs comme le tennis, le jogging ou la lecture sont généralement les premières à céder le pas. En règle générale, les célibataires devraient avoir davantage d'occasions de poursuivre leurs activités de loisirs que les personnes qui ont un conjoint. Le danger, lorsqu'on est célibataire, c'est que les gens ont tendance à substituer un emploi pour une relation. De nombreux célibataires se marient à leur emploi et deviennent des bourreaux de travail. Essayer de se rendre au sommet de la pyramide exige un peu plus de temps qui pourrait être mieux utilisé à cultiver des relations intimes ou à pagayer sans s'énerver sur une rivière au cours paisible.

Comment devenir un spécialiste ès loisirs

Elizabeth Custer, la chroniqueuse de loisirs du magazine *Glamour*, me téléphona récemment de New York pour me demander pourquoi, à mon avis, ses lecteurs lui avaient confié, à l'issue d'un sondage, être plus fatigués le dimanche soir que le vendredi. Surpris par ces résultats, je lui demandai un temps de réflexion avant de pouvoir lui répondre.

La réponse réside dans l'approche moraliste du travail qu'ont les protestants. Si quelque extraterrestre se pointait sur notre planète et voyait de quelle manière les gens utilisent leurs loisirs, il se demanderait si les humains ne sont pas tout simplement détraqués. À cause de cette morale protestante du travail, bien des gens souffrent d'anxiété, voire d'un complexe de culpabilité, lorsqu'ils

À travailler sans nul répit, Jeannot est devenu un type insipide et Jeannette une veuve cousue d'or.

— Evan Esar

peuvent se reposer. Aussi s'affairent-ils à une foule de travaux. Les week-ends, ils s'imposent plein de corvées et de tâches personnelles. Ils passent leur temps à rénover leur maison, à tondre le gazon, à s'occuper des enfants. Ces occupations de fin de semaine s'ajoutent à l'épuisement dont ils souffrent déjà en semaine. Étant donné les exigences de ce nouvel emploi du temps, ces personnes passent moins de temps à satisfaire des besoins de base comme dormir ou prendre le temps de manger. On ne s'étonnera donc pas de retrouver ces perpétuels travailleurs plus fatigués le dimanche que le vendredi...

LES AVANTAGES DU CÉLIBAT

✓ Tous les messages du répondeur téléphonique vous sont destinés.

✓ Il vous est plus facile d'afficher votre spontanéité.

Quand arrive le week-end ou l'heure de la retraite, on croit que la question des loisirs devrait se résoudre d'elle-même, mais il n'en est rien. Nous sommes conditionnés à travailler avec acharnement et à nous sentir coupables lorsque nous ne faisons rien. De nombreuses personnes craignent d'avoir trop de moments libres ou ne savent pas comment en profiter. Certains chercheurs soutiennent que les Américains ne veulent pas avoir davantage de loisirs, car c'est en travaillant constamment qu'ils donnent un sens à leur vie et en tirent de la satisfaction.

Bien entendu, il importe de faire preuve d'une certaine discipline et d'adopter une certaine attitude pour utiliser ses loisirs à bon escient. Pour être un connaisseur ès loisirs, vous devez vous arrêter de temps à autre et humer le parfum des fleurs. Les loisirs devraient représenter beaucoup plus qu'un temps d'arrêt au service de notre travail. Les vrais loisirs se déroulent au rythme d'occupations telles que la conversation entre amis, le tennis, l'amour ou encore la contemplation d'un coucher de soleil ; en somme, il faut pouvoir apprécier ces occupations pour ce qu'elles sont. Les vrais loisirs sont conçus pour le plaisir et non pour nous aider à devenir plus productifs au travail.

Si vous êtes incapable de penser à quelque activité de loisirs que ce soit, c'est que vous travaillez trop et n'avez pas pris suffisamment de temps pour vous connaître. Il n'est jamais trop tard pour vous intéresser à de nouvelles choses, apprendre un nouveau sport ou maîtriser un nouveau hobby. Commencez par faire une liste des choses que vous aimeriez faire dans la vie avant que celle-ci prenne fin. Cette liste peut comprendre des choses que vous aimez faire actuellement, des choses que vous avez aimé faire par le passé mais que vous avez laissé tomber, et des choses auxquelles vous avez songé mais n'avez jamais essayé. Pensez à toutes les choses que vous aimez dans la vie et trouvez une manière de les faire coïncider avec des activités de loisirs auxquelles vous pouvez vous adonner. Voici une liste de mots établie par la romancière Agatha Christie (1890-1976), que l'on retrouve dans son autobiographie publiée chez Dodd, Mead & Co. en 1977. Elle créera peut-être chez vous des associations d'idées.

> *Trois choses sont pénibles : subir un préjudice, garder un secret et utiliser ses loisirs.*
>
> – Voltaire

✓ Rayons de soleil

✓ Pommes

✓ Pratiquement tous les genres de musique

✓ Chemins de fer

✓ Puzzles numériques et autres énigmes chiffrées

✓ Aller à la mer

✓ Bains et natation

✓ Silence

✓ Sommeil

✓ Manger

✓ L'odeur du café

✓ Les fleurs de lys

✓ La plupart des chiens

✓ Aller au théâtre

Il faut noter que les loisirs de qualité reposent sur votre engagement dans plusieurs occupations actives comportant des risques et un certain défi.

Peu de femmes et encore moins d'hommes ont suffisamment de volonté pour paresser.

– E.V. Lucas

Les activités passives telles que regarder la télévision ou courir les magasins ne vous apportent que peu de satisfactions. Voici des exemples d'activités actives : lire, écrire, faire de l'exercice, prendre des cours, apprendre une nouvelle langue. Les activités qui comportent un certain risque et des défis sont beaucoup plus plaisantes que les activités passives.

Si vous travaillez, pouvoir apprécier le fait de ne pas avoir à travailler peut se révéler pratique à certaines époques de votre vie active. Voici quatre raisons pour lesquelles vous devriez être en mesure de profiter au maximum de vos temps libres.

QUATRE RAISONS POUR ÊTRE UN SPÉCIALISTE ÈS LOISIRS

✓ Si vous vous présentez devant un employeur potentiel en ayant l'air de postuler avec l'énergie du désespoir, les chasseurs de têtes s'en apercevront. Par contre, être heureux, même sans emploi, vous place dans un meilleur état d'esprit lorsque vous cherchez du travail. Adopter une attitude plus décontractée jouera en votre faveur et vous aurez de bien meilleures chances d'être embauché.

✓ Avec les taux élevés de chômage qui ne sont pas prêts de diminuer, il faut s'attendre à ce que l'on connaisse des périodes plus longues et plus fréquentes d'inactivité chez les travailleurs. Voilà pourquoi il est logique d'apprendre à être des chômeurs aussi heureux que possible.

✓ Si votre identité repose sur votre travail, vous serez perdu lorsque vous perdrez votre emploi. Si votre identité s'appuie sur d'autres éléments, vous la conserverez, avec ou sans emploi.

✓ Si vous apprenez à être heureux sans emploi, vous craindrez moins de vous faire remercier lorsque vous aurez trouvé un nouveau travail. C'est avec confiance que vous envisagerez l'avenir sous un jour agréable, peu importe la situation à laquelle vous serez confronté.

> *Donnez un poisson à un homme et il sera nourri pour la journée.*
> *Apprenez-lui comment pêcher et vous vous en débarrasserez pour le week-end.*
>
> – Zenna Schaffer

De nombreux futurologues prédisent que le travail tel que nous l'avons connu depuis l'avènement de la Révolution industrielle est actuellement en voie de disparition. Avec l'accroissement du nombre de robots et d'ordinateurs pour remplacer l'homme, il y aura de moins en moins de travail pour les êtres humains. À l'avenir, il faudra donc devenir un spécialiste ès loisirs.

Vos trois meilleurs amis sont-ils la télé, le canapé et le réfrigérateur?

Les sondages ont révélé que les Nord-Américains consacrent 40 pour cent de leur temps libre à regarder la télévision. Incroyable, mais vrai : on ne s'étonnera donc pas que les gens n'aient pas suffisamment de temps pour faire de l'exercice, rendre visite à leurs amis ou admirer les couchers de soleil. L'adulte nord-américain de 18 à 65 ans a, chaque semaine, 40 heures de loisirs dont 16 consacrées pour regarder « l'étrange lucarne[21] ». En comparaison, ils ne réservent que deux heures à la lecture et quatre heures à parler à leurs amis, leurs parents et leurs connaissances.

Toutefois, il semble paradoxal que, sur une liste de 22 activités, la télé ne se classe que 17e pour ce qui est de la satisfaction et du plaisir que ses amateurs en retirent. La lecture arrive en 9e place. Si on retire aussi peu de satisfaction de cette activité, pourquoi les gens s'obstinent-ils à rester collés devant l'écran cathodique ? Tout simplement parce qu'il s'agit d'une chose facile à faire. La piètre satisfaction que l'on retire de ce passe-temps fait qu'à long terme la voie de la facilité se révèle non seulement inconfortable mais plutôt pénible.

TV-Free America est un organisme national nouvellement constitué qui a son siège social à Washington. Il met le public en garde contre les effets nocifs d'une présence trop prolongée devant le téléviseur. Cet orga-

> *Lorsqu'un homme regarde trois matchs de football de suite, il devrait être déclaré cliniquement mort.*
>
> – Erma Bombeck

---

21. La nouvelle gauche américaine a depuis longtemps qualifié les téléphages de « vidiots », une expression qui s'explique d'elle-même. (N.d.T.)

nisme recommande de méditer, de pratiquer des sports, de participer à des événements communautaires et de faire du bénévolat au lieu de s'écraser devant l'écran cathodique. Si vous êtes « accroché » à la télé, il est temps d'adhérer à une association de téléphages telle que les *Couch Potatoes*[22], ou d'en former une autre. Comme le recommande *TV-Free America*, pour nous aider à s'éloigner de cet appareil, il faudrait remplacer la plupart des émissions que nous offrent les différentes chaînes par des jeux parfaitement inutiles comme faire des châteaux de cartes, confectionner des avions en papier ou simuler des symptômes de maladies imaginaires.

Si vous êtes une personne célibataire qui tient à profiter de la vie au maximum, l'une des activités à inscrire sur votre liste de loisirs est, pour sûr, l'exercice physique qui vous permettra d'abord de maintenir votre santé et d'améliorer votre bien-être. La relation positive que vous entretiendrez avec votre corps se révélera des plus bénéfiques. Votre apparence physique joue également un rôle important dans la perception que vous avez de vous-même et dans celle que les autres ont de vous. Vous vous sentirez mieux dans un corps en forme, sans surplus de poids, qui en imposera aux personnes que vous fréquentez.

Le bulletin *Wellness Letter*, publié par l'Université de Californie, révèle que 18 pour cent de la population du Montana et 52 pour cent des citoyens du district de Columbia ont signalé qu'un mois avant ce sondage ils n'avaient participé à aucune activité physique de loisirs. Lorsque je ne fais aucun exercice pendant deux jours – ou pire, un mois –, je n'ose pas me regarder dans la glace. Voilà quelques années, je croyais pouvoir m'en tirer en mangeant comme un ogre et en ne faisant aucun exercice. Mal m'en prit ! Mis à part l'état de santé déplorable qui en résulta, je dus changer de garde-robe. Depuis quinze ans, je fais de l'exercice deux fois par jour, ce qui représente environ deux heures d'activité vigoureuse comme le tennis, le jogging ou la bicyclette. Bien entendu, il se trouvera toujours des personnes paresseuses et en piètre forme physique pour me dire combien j'ai de la chance de ne pas avoir de problème de poids...

Si la télé, le canapé et le frigo sont devenus vos trois meilleurs amis, il faut vous reprendre en mains. Dressez un

---

22. Littéralement « Patates sur canapé », ce qui illustre l'aspect avachi des irréductibles téléspectateurs.

LES AVANTAGES DU CÉLIBAT

✓ **Vous pouvez pendre votre canoë dans votre salon sans vous faire engueuler par votre conjoint.**

✓ **Vous n'avez pas à consulter un conseiller matrimonial.**

plan de remise en forme et adhérez-y fidèlement. Vous acquerrez certaines qualités comme la détermination, la persévérance et la patience. Ces mêmes qualités vous aideront aussi dans votre vie de célibataire. Mener une vie saine nous permet d'atteindre des objectifs importants dans la vie. Traiter votre corps avec respect. Ne mangez pas trop et essayez le plus possible de faire régulièrement de l'exercice. Cela ne veut pas dire une fois tous les quinze jours ou une fois par semaine. Réservez chaque jour un peu de temps aux activités physiques. Ne trichez pas, et vous récolterez bien des dividendes pour votre investissement. Le Dr Wayne Dyer, qui a atteint la cinquantaine, parcourt une quinzaine de kilomètres chaque jour au pas de course. Il fait cela depuis quinze ans et n'a jamais sauté une journée. Cela montre bien sa détermination.

Oubliez tous les prétendus raccourcis grâce auxquels on vous promet la forme et la sveltesse. Se tenir en forme exige du temps et des efforts. Si vous persistez à vous dire : « Dès que j'aurai du temps de libre, je commencerai à faire de l'exercice », vous n'en ferez jamais. Affirmer que vous n'avez pas le temps pour ce genre d'activité équivaut à dire que vous n'avez pas de temps pour vous maintenir en bonne santé. Il faut, bien sûr, trouver du temps, mais aussi faire preuve de détermination. Comment trouver ce temps ? Voici une recette très simple : si vous regardez la télé pendant deux heures tous les jours, mettez votre appareil hors tension. Miracle ! Vous avez maintenant deux heures pour vous livrer à des activités physiques.

Vous devez apprendre à vous mettre en forme par vos propres moyens et ne pas prétexter que vous n'avez personne avec qui faire de l'exercice. Si vous occupez un emploi à temps plein, une autre vieille excuse veut que vous soyez trop fatigué après votre journée de travail pour avoir envie de vous livrer à des activités physiques. C'est pourtant à ce moment précis que vous avez le plus besoin d'exercice – il y a fort à parier que vous ressentez surtout de la fatigue mentale – et ces exercices vous soulageront. Les dix premières minutes sont les plus difficiles ; après, tout devient relativement facile. Il existe un autre assortiment de prétextes tels que : « Faire de l'exercice, c'est ennuyeux », « De toute manière, je suis trop vieux pour commencer... », « Il fait trop froid dehors », « J'ai vingt ans et je n'ai pas besoin de ça. » « Et si je me blessais ? » Ce ne sont pas de bonnes raisons. Ceux et celles qui recourent à de telles excuses ne font que se leurrer et masquer leur paresse.

Établissez un programme d'activités physiques et respectez-le. Si vous n'aimez pas l'exercice en solitaire, adhérez à un club sportif et vous ferez d'une pierre deux coups : vous vous maintiendrez en forme et vous rencontrerez des gens. Afin de maintenir cette forme, engagez-vous dans plus d'une activité. Si, un jour, vous ne pouvez vous livrer à une activité donnée, cette formule vous assurera de la variété ainsi qu'une alternative. Et lorsque vous aurez atteint vos objectifs santé, n'oubliez pas de vous récompenser.

C'est dès maintenant qu'il faut commencer. Être en forme vous apporte les avantages suivants : une réduction du stress, de meilleures nuits de sommeil, une réduction de poids, une augmentation de l'estime de soi, un ralentissement du processus physiologique du vieillissement, de meilleures performances sexuelles, une réduction des possibilités de maladies cardiaques, une plus grande souplesse et, ce qui n'est pas à dédaigner, un plus grand pouvoir d'attraction sur les personnes du sexe opposé.

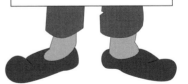

LES AVANTAGES DU CÉLIBAT

✓ La vie est moins prévisible.

✓ Vous n'avez pas besoin de partager votre rutilante voiture de sport avec votre partenaire.

✓ Personne n'ouvre votre courrier.

Un mode de vie plus sain dans lequel « moins » signifie « plus »

Le peuple grec a un niveau de vie inférieur à celui des citoyens des pays du G 7 ou encore de la Communauté européenne. Néanmoins, les Grecs affectionnent un dicton fort sage qui s'énonce en ces termes : « Lorsqu'on est pauvre, il est important de prendre du bon temps. » En somme, profiter de la vie ne dépend nullement de l'épaisseur de votre portefeuille et on l'a prouvé récemment dans une étude de l'Université de Chicago au cours de laquelle on a analysé les activités que les gens appréciaient le plus. Les chercheurs ont découvert que c'étaient les activités les moins onéreuses qui se révélaient les plus satisfaisantes pour les personnes interrogées. Les activités gratuites telles que les promenades dans la nature prenaient le pas sur les activités onéreuses comme aller aux spectacles à la mode ou dans les grands restaurants.

Se retirer du ratodrome et prévoir davantage de loisirs dans votre vie peuvent vous mener vers une vie plus enrichissante. « Moins » peut donc vouloir dire « plus ». Il faut avoir une bonne dose de courage et une grande confiance dans son intuition pour changer radicalement de vie et laisser tomber la sécurité et tout l'argent qui va de pair avec celle-ci.

J'ai un ami, Jim Mackenzie, qui profite davantage de la vie en prenant une année sabbatique tous les cinq ans. À l'heure où j'écris ces lignes, il a pris un an de congé sans avoir de projet précis. Même si ses intentions sont de passer un an ou plus en Afrique, il ne sait pas exactement où il ira. Jim a découvert que « moins » pouvait signifier « plus » et que moins de travail pouvait se traduire par plus de temps pour vivre.

Pensez-y : une année sabbatique est idéale pour apprécier la vie au maximum. Prenez-en une. Vous pourrez vous entourer de gens différents de ceux que vous côtoyez habituellement et vous aurez un regard neuf sur le monde. Si vous n'avez pas pris de vacances plus longues que vos trois semaines réglementaires[23], c'est le moment de le faire. Ainsi, si vous avez toujours voulu vivre à Paris et fréquenter la faune de Saint-Germain-des-Prêts-à-porter, ou vivre dans un éco-village de babas cool, allez-y !

L'année sabbatique n'est pas réservée aux bien-nantis ou aux professeurs de troisième cycle bien placés. Même si je n'ai pas gagné grand-chose au fil des années, je n'ai travaillé que la moitié du temps au cours de ma vie d'adulte. L'autre moitié s'est passée à l'université ou à prendre des années sabbatiques en tous genres. Il suffit de faire preuve de créativité et de vous organiser un mode de vie exigeant moins de biens matériels. Vous serez surpris de voir à quel point il est facile de mettre entre parenthèses sa vie laborieuse.

---

23. Du moins dans un contexte nord-américain où la norme est généralement de deux semaines de congés payés. (N.d.T)

Voici une partie de la lettre (le reste se trouve dans le chapitre IX) que m'adressait une certaine Rita N., de Vancouver, qui a décidé de décrocher pendant un an.

Cher Monsieur Zelinski,

Je viens tout juste de terminer votre livre « L'art de ne pas travailler » (oui, et j'ai même fait les exercices). J'adore ! Félicitations pour votre bouquin.

J'enseignais à l'École de musique depuis 12 ans, sept jours par semaine et de 6 à 12 heures par jour sans jamais prendre de vacances. À l'origine, j'avais accepté cet emploi pour pouvoir poursuivre mes études et décrocher une licence en sciences commerciales. Après avoir reçu mon diplôme voilà cinq ans, j'ai conservé mon emploi actuel.

Mais ce boulot me minait et, il y a deux mois, j'ai donc pris ma « retraite », ce qui est évidemment une façon de parler puisque je suis dans la vingtaine avancée. Même si je ne n'ai pas regretté ma décision, je n'étais pas préparée pour ce nouveau mode de vie. Mes amis et mes collègues me critiquaient sévèrement et j'ai dû trouver de nouvelles manières de m'occuper.

Après avoir lu votre livre, je suis convaincue d'avoir pris la bonne décision. Je suis même fière de ne pas travailler.

Une fidèle lectrice,

Rita

Six mois après cette lettre, j'ai eu l'occasion de parler à Rita. Son congé sabbatique lui avait fait le plus grand bien. Elle avait repris son travail, mais à temps partiel, constatant qu'elle l'appréciait beaucoup plus et qu'elle était plus productive.

Le temps est-il de votre côté ?

Dans *Le Petit Prince* d'Antoine de Saint-Exupéry, on sait comment le personnage principal, qui vient d'une microplanète, fait la connaissance de l'auteur. Parmi les personnages qu'il rencontre, il y a un marchand qui essaie de lui vendre des pilules permettant aux gens de satisfaire leur soif et de ne pas avoir besoin de boire pendant une semaine.

Le Petit Prince demande au marchand pourquoi il vend de telles pilules, ce à quoi l'homme répond que c'est pour gagner du temps, car, selon les calculs des spécialistes, on peut ainsi gagner 53 minutes par semaine.

Le Petit Prince demande alors ce qu'il fera de ces 53 minutes, ce à quoi le marchand réplique qu'il peut en faire ce qu'il veut. Éberlué par cette singulière logique, le Petit Prince se dit que s'il avait 53 minutes à dépenser selon son bon plaisir, il se rendrait sans se presser étancher sa soif vers un ruisseau à l'onde pure.

> *Hier est semblable à un chèque annulé et demain à un billet à ordre ; aujourd'hui représente donc les seules espèces à notre disposition. Voilà pourquoi il faut les dépenser avec sagesse.*
>
> – Kay Lyons

Cette charmante histoire en dit long sur la manière dont nous utilisons notre temps et abordons la vie. En Amérique du Nord, on dirait que nous n'avons jamais suffisamment de temps. Dans cette société où domine l'activisme, les gens conduisent rapidement, marchent rapidement, mangent sur le pouce et parlent à toute vitesse. Le temps est si précieux qu'on ne prend même pas le temps d'y penser. Même les loisirs sont vécus le pied au plancher. Il faut pourtant se dire que personne ne peut aller à cheval, fumer une cigarette, lire un livre et faire l'amour en même temps. Pourtant, on dirait que certains célibataires essaient justement de faire cela. Les gens sont tellement soucieux de réglementer leur emploi du temps qu'ils ne trouvent pas le moyen de profiter du moment présent. Vu qu'ils n'ont pas un instant à eux, ils manquent de spontanéité et sont incapables de profiter du fameux « ici et maintenant[24] ».

Je suis fatigué rien qu'à regarder les gens travailler. Tenez, vous deux travaillez si dur que cela m'épuise au plus haut point. Il va falloir que je rentre immédiatement faire ma petite sieste de l'après-midi.

Être occupé ne signifie pas que vous maîtrisez la situation. Vivre « maintenant » signifie vous ouvrir à cet instant unique qui exclut tous les autres. Vous imaginer combien vous seriez

---

24. Clin d'œil au *Here and Now*, le « vivre ici et maintenant » prôné par les praticiens de la Gestalt-thérapie, inventée par le Dr Frederick S. Perls. (N.d.T.)

beaucoup plus heureux si, par bonheur, vous entreteniez une relation ne constitue pas le meilleur moyen d'apprécier la vie dans l'*ici* et le *maintenant*. Attendre que quelque chose arrive pour jouir de la vie signifie que vous n'êtes pas pleinement conscient du monde qui vous entoure. Attendre qu'une relation se manifeste pour que la vie puisse enfin vous sourire ne fera que remettre à plus tard les petites joies de l'existence. Si au lieu d'exister dans un état quasi comateux, vous vous jetez à corps perdu dans les choses que vous aimez accomplir, vous n'en serez que plus heureux.

En vous engageant dans le processus au lieu de viser des objectifs à long terme, vous réaliserez ce que représente le fait de vivre l'instant présent. Apprenez à oublier la pendule. Les moments de tranquillité où rien ne vient vous déranger sont nécessaires pour réduire les pressions et le stress de la vie moderne. Lorsque vous serez décontracté, vous envisagerez la vie sous un jour plus positif. Ne pas être pressé signifie être différent de la foule. Vous serez alors en mesure de vivre la magie de l'instant présent.

Passer son temps à se faire du souci pour hier et demain constitue un bon moyen de manquer le train. Il existe suffisamment de choses pour lesquelles on peut se faire du mauvais sang. Les gens font des dépressions nerveuses pour des choses apparemment aussi insignifiantes qu'une panne de télévision avant leur émission préférée ou la perte d'une poignée de dollars en boursicotant dans des valeurs douteuses. Certaines personnes ont même le don de se faire du souci alors qu'elles n'ont aucune raison de s'inquiéter.

Le secret est de replacer les problèmes et les soucis dans une juste perspective. Penser constamment à l'avenir et remettre les choses à demain au lieu de les faire immédiatement signifie qu'aujourd'hui vous échappe. Si vous pensez être heureux dans l'avenir lorsque vous faites quelque chose de radicalement différent, vous vous leurrez. C'est maintenant qu'il faut être heureux. Repousser les choses à faire à l'heure de la retraite et miser entièrement sur elle est aléatoire puisque nous ne savons jamais si nous vivrons suffisamment longtemps pour l'atteindre. Conservez votre énergie pour les problèmes vraiment sérieux qu'il vous faut résoudre. Au lieu de vous surcharger la vie avec des soucis, meublez-la d'espoir, de rêves et de loisirs créatifs.

Les forcenés des loisirs s'amusent davantage

LES AVANTAGES DU CÉLIBAT

✓ Si vous gagnez un voyage pour deux dans les îles, vous pouvez y aller deux fois.

✓ Des études ont démontré que les célibataires dorment mieux que les gens mariés.

Il vous est possible de maîtriser votre vie et de mieux l'équilibrer en entretenant de nouvelles relations avec les loisirs. En décidant de devenir un « bourreau de loisir » au lieu d'être un bourreau de travail, vous tirerez beaucoup plus de satisfactions de la vie. Si vous passez trop de temps au travail et que vous ne prenez pas suffisamment de loisirs, il est possible que vous sabordiez vos chances d'entretenir une relation valable. Votre vie communautaire et la qualité de votre travail en souffriront également. Et n'oubliez pas que vous n'avez probablement jamais rencontré quelqu'un qui, à l'article de la mort, vous a déclaré : « J'aurais tant voulu travailler davantage... »

Être pleinement vivant signifie être capable de vivre l'instant présent. Lorsque vous apprenez à mieux profiter de vos loisirs et à prendre davantage conscience de cet instant, votre vie devient beaucoup plus enthousiasmante. Être dans l'ici et le maintenant, c'est apprendre à faire attention au monde qui nous entoure, de manière à mieux maîtriser les événements importants de notre vie. Vivre le « maintenant » dans vos activités de loisirs signifie que chacune de vos journées sera plus riche et plus mystérieuse.

Les activités de loisirs vous fournissent des occasions illimitées de croissance personnelle et de satisfaction. En votre qualité de célibataire, vous devriez jouir de plus de liberté pour les poursuivre. Le grand avantage d'être célibataire, c'est que vous êtes en mesure d'organiser votre travail, vos loisirs, vos amitiés et vos relations en fonction d'un mode de vie qui est vraiment le vôtre.

Mes loisirs valent plus que tout l'or du monde.

– Mirabeau

Fichez-moi la paix ou je finirai bien par trouver quelqu'un qui me laissera tranquille !

Vous ne pouvez bien vous développer que lorsque vous êtes seul.

> *Lorsque du meilleur de nous-mêmes*
> *nous avons trop longtemps été*
> *Tenus à l'écart par ce monde fébrile et*
> *que nous avons baissé la tête*
> *Las de ses turpitudes et*
> *las de ses plaisirs*
> *Combien bienveillante et*
> *salutaire peut être la solitude.*
>
> *Extrait de Prélude, par William Wordsworth*

Pour vivre pleinement la joie de ne pas être marié, vous devez apprendre la meilleure manière de passer du temps avec vous-même. Le temps est en soi une occasion d'apprendre et de grandir en tant que personne. Être seul offre aussi la possibilité de descendre en marche du manège essoufflant de nos relations avec autrui. Les sages de l'Inde ont un très beau proverbe qui dit : « Vous ne pouvez bien vous développer que lorsque vous êtes seul. » En tant que célibataire, il vous faut prendre du temps pour mieux vous connaître. La solitude est une bonne occasion de penser aux questions philosophiques qui affectent votre vie.

> *Si vous avez peur de la solitude, ne vous mariez pas.*
> —Tchekhov

Aimerais-tu venir à mon appartement voir mes collections de bouchons de bouteilles de vin et d'étiquettes d'épicerie ?

Ted, je pense que ça fait trop longtemps que tu vis seul...

Le cow-boy des Plaines, l'explorateur, nous font rêver. Ces personnages sont seuls dans un but précis. Seuls mais non isolés. La solitude peut être une source d'inspiration pour l'artiste et le créateur en général. C'est une occasion de renouvellement et de réflexion. La grande majorité des peintres, des sculpteurs, des écrivains et des compositeurs passent le plus clair de leur temps seuls pour être plus créatifs et accomplir davantage de choses.

Certains célibataires recherchent la solitude alors que celle-ci semble s'être abattue sur d'autres. La solitude est essentielle aux célibataires bien équilibrés parce qu'elle maintient chez eux un très fort sens du moi. Leur devise semble être « Fichez-moi la paix ou je finirai bien par trouver quelqu'un qui me laissera tranquille ». Ils préfèrent souvent la solitude à la compagnie. De nombreux célibataires équilibrés l'apprécient pour peindre un tableau ou se promener. Leurs amis sont souvent surpris qu'à certains moments ils préfèrent le réconfort de la solitude à l'amitié. Une personne n'est pas asociale parce que, de temps à autre, elle choisit la solitude. Elle peut fort bien apprécier la compagnie des autres tout en ayant besoin de se retrouver seule à intervalles réguliers.

Les personnes bien équilibrées, qu'elles soient célibataires ou liées à quelqu'un, aiment être seules à l'occasion parce que la solitude est propice à l'épanouissement personnel. Nombreuses sont celles qui, bien qu'entretenant une relation stable avec quelqu'un, n'hésitent pas à souligner l'importance de la solitude pour leur sens du moi. Je connais bien des gens mariés et heureux

L'un des besoins essentiels de l'Amérique est de découvrir la solitude créatrice.
– Carl Sandburg

de l'être qui tiennent à leurs moments de solitude. Ils travaillent dans des pièces différentes et optent pour des loisirs et même de longues vacances séparément sans que leur union en souffre le moins du monde.

En fait, il semblerait que les relations de couple s'amélioreraient de manière inversement proportionnelle au temps que les partenaires ne passent pas ensemble. Nombre de relations réussiraient mieux si les conjoints prenaient davantage de temps seuls.

> *Je trouve des plus salutaires de demeurer seul la plus grande partie de ma vie. La compagnie, même la meilleure, ne tarde pas à me fatiguer et à me faire perdre mon temps. Je n'ai jamais trouvé de compagnon plus agréable que ma solitude.*
>
> —Henry David Thoreau

La face cachée de la solitude créatrice est l'isolement. Nombreux sont les célibataires incapables de demeurer seuls, même pour quelques heures. Ils allument la télévision ou la radio dès qu'ils arrivent chez eux. Ainsi Elvis Presley, comme bien des êtres isolés, détestait être seul ; il allumait la télé dès qu'il entrait dans une pièce inoccupée. Lorsqu'on reste collé trop longtemps devant cette boîte à image, cette habitude peut devenir un piètre substitut à notre sens de la communauté. Lorsque un tel état de fait se présente, nos relations avec notre famille, nos amis et nos connaissances en pâtissent.

Les autres façons malsaines de meubler sa solitude sont le sommeil prolongé, les beuveries, les toxicomanies et le magasinage ou *shopping*. Ces activités semblent alléger l'isolement mais à court terme seulement, parce qu'elles ne développent pas nos talents en société et ne nous aident pas à établir des relations intimes ou à renforcer l'estime de soi.

Une étude récente de la revue *Psychology Today* signale qu'aux États-Unis cinquante pour cent des gens souffrent parfois ou souvent de solitude. Cela veut dire que la solitude affecte quelque 100 millions de personnes à travers l'Amérique. Bien des célibataires seront éberlués d'apprendre que les gens mariés sont souvent aussi esseulés – sinon plus – qu'eux-mêmes peuvent l'être. En effet, les conjoints esseulés souffrent davantage, car ils n'ont pas l'excuse de se dire que cette situation est due au fait qu'ils n'ont personne pour partager leur isolement. Il est important d'admettre que trouver un conjoint est une panacée contre la solitude. La solitude n'a rien à voir avec le fait que l'on soit célibataire, divorcé ou séparé.

Les personnes ayant une piètre estime d'elles-mêmes souffrent de solitude chronique. Il en est de même pour celles qui sont affectées par certaines caractéristiques psychologiques comme la crise d'identité, le perfectionnisme, la peur d'être rejeté, l'inaptitude à courir des risques, un sentiment d'insuffisance socio-affective ou encore l'incapacité de vivre en société. Le plus paradoxal, c'est que les personnes qui sont mal dans leur peau font généralement des amis ou des conjoints boiteux pour la bonne raison qu'elles se mésestiment. En mal d'affection, elles s'accrochent désespérément aux autres. Ironie du sort : elles finissent souvent par être rejetées parce que la plupart des gens fuient les indigents affectifs comme la peste.

Les individus qui ne sont pas en prise directe avec eux-mêmes sont désorientés lorsqu'ils sont le moindrement seuls. Remarquons que même les célibataires les plus équilibrés doivent à l'occasion composer avec un certain degré de solitude véritable. Tous les célibataires devraient donc élaborer des stratégies qui leur permettent de vivre un certain temps en solitaires.

« Si vous vous sentez délaissé lorsque vous êtes seul, vous vous trouvez en bien mauvaise compagnie. »

Que vous soyez heureux ou triste lorsque vous êtes seul dépend de votre attitude. Les gens qui adoptent une attitude négative ne connaîtront jamais les récompenses que nous apporte la solitude. Pour changer votre attitude envers elle, il importe que vous la recherchiez. Si vous vous sentez délaissé lorsque vous êtes seul, vous n'êtes plus en contact avec le monde et, pour paraphraser Sartre, vous vous trouvez là en bien mauvaise compagnie. Tous les individus bien équilibrés, qu'ils soient mariés ou non, apprécient grandement le temps où ils sont seuls parce qu'ils sont en bonne compagnie avec eux-mêmes.

Dans toute cette affaire, nous sommes tous seuls.
— Lily Tomlin

Avoir à passer beaucoup de temps en solitaire ne fait pas de vous une personne inférieure. Si vous éprouvez de la difficulté à être seul, il vous faudra consentir davantage d'efforts pour jouir du temps que vous passez en votre unique compagnie. Pour qu'une relation fonctionne, il faut du temps, des efforts et de la pratique. Ne tombez pas dans le piège qui consiste à vous imaginer que vous êtes incapable de vivre avec votre solitude. Des pensées du genre « Je suis seul et délaissé parce que je ne réussirai jamais à m'insérer dans la société » relèvent du défaitisme et ne font que justifier votre isolement actuel et futur. Vous êtes incapable de vous en sortir, parce que vous choisissez de l'être.

Si vous passez peu de temps chez vous et que vous êtes dans votre logement comme dans une chambre d'hôtel, c'est-à-dire un endroit où vous changer et où dormir, il faut que vous appreniez à profiter davantage de la vie. Vous ne pouvez pas continuer à vous dire : « Si seulement j'avais quelqu'un, je ne me sentirais pas délaissé ». Ce qui est

> *Être incapable de supporter la solitude est un grand malheur.*
>
> — La Bruyère

paradoxal, c'est qu'en négligeant d'apprendre à vivre heureux avec vous-même, vous sapez vos chances d'établir une relation valable avec quelqu'un. Le secret pour attirer un partenaire équilibré est d'apprendre à vivre d'abord avec vous-même et de vivre pour vous. Il faut que vous soyez à l'aise avec la personne que vous représentez, faute de quoi, par désespoir, vous risquez de perdre votre temps avec des personnes du sexe opposé qui seront loin de vous convenir – un compromis plus que boiteux pour vous aider à combler un espace.

Même si l'idéal serait d'entretenir une relation amoureuse et profonde, une personne a intérêt à demeurer seule et relativement heureuse plutôt que de s'engager dans une relation qui ne saurait être qu'un sinistre compromis. Pourquoi se retrouver embringué dans une relation qui risque de ne vous apporter qu'une cargaison de malheurs ? Apprendre à être heureux dans le célibat vous donnera la confiance et la patience d'attendre que quelqu'un de sérieux se présente pour vous fréquenter ou vous épouser.

Comparativement au mode de vie des gens mariés, celui des célibataires offre le luxe de pouvoir passer davantage de temps en solitaire. Cela n'est pas toujours vrai pour les célibataires avec de jeunes enfants, mais on

> *En perdant un mari, on perd un maître qui représente souvent un obstacle au plaisir que bien des choses apportent.*
>
> — Madeleine de Scudéry

peut dire que la règle s'applique pour la majorité. Les célibataires ne sont pas obligés de fréquenter des gens s'ils n'en
ont pas envie. Ceux qui sont équilibrés estiment qu'il n'est pas
nécessaire d'être marié pour apprécier la vie. Bien dans leur
peau, ils sont capables de réaliser des choses par leurs
propres moyens parce qu'ils savent comment pratiquer ce que
j'appelle la « solitude dynamique ». Il existe bien des moyens
agréables de passer le temps quand on est seul : peindre un
tableau, écrire un livre, escalader une montagne, méditer,
faire du jardinage, voyager à l'étranger, s'asseoir au bord d'un
lac et contempler un coucher de soleil, faire une longue
marche.

Pour s'accommoder de la solitude, il suffit de l'envisager de
manière constructive en apprenant à l'apprécier. Les
personnes qui se livrent à cet exercice peuvent explorer leur
moi profond et améliorent leurs relations avec les autres. Dans
un cadre de socialisation, elles sont plus décontractées, agissent naturellement et n'ont pas besoin de présenter une
façade contraire de leur nature habituelle. Les célibataires qui
s'épanouissent dans la solitude sont portés à entretenir des
relations plus profondes et plus sincères avec leurs amis que
ceux qui ont peur de se retrouver seuls.

Il y a cependant moyen de ne pas demeurer isolé et c'est
de canaliser son énergie dans l'action sociale. Sortez et passez
davantage de temps avec les gens, par exemple en partageant
avec eux une activité pour laquelle vous avez une passion
commune. Prendre le temps de tisser de nouvelles amitiés, de
faire du bénévolat et de resserrer des liens avec de vieux amis
et de vieilles connaissances représente d'autres moyens de
réduire le temps où vous vous retrouvez face à vous-même.

Vivre seul et heureux nous réserve des lendemains plus sereins

Vivre en célibataire et apprendre à bien nous en porter
peut présenter certains avantages pour maîtriser notre solitude à l'automne de notre vie. Dans un article paru dans la
Presse canadienne en 1995, la journaliste Judy Creighton
signale que deux intervenants sociaux, Gloria Levi et Beryl
Petty, ont découvert que les personnes qui ne se sont jamais

mariées vivent leur vieillesse plus facilement que celles qui se retrouvent seules après avoir perdu leur conjoint à la suite d'un décès ou d'un divorce. Dans des groupes témoins, Levi et Petty ont étudié les rapports qui pouvaient exister entre la vieillesse et le célibat, et ont découvert que les personnes du troisième âge qui étaient toujours demeurées célibataires ou l'avaient été pendant une partie appréciable de leur vie supportaient beaucoup mieux les aléas de l'âge d'or. Étant donné qu'ils avaient vécu longtemps seuls, ces célibataires ont trouvé des moyens d'obtenir des satisfactions dans leur vie sans le secours d'un ou d'une partenaire.

À moins de trouver quelqu'un pour se remarier, les personnes âgées – et particulièrement les hommes – ne survivent qu'un à deux ans après la mort de leur conjoint. Dans le cas des hommes,

> *La crainte de la solitude est plus forte que la peur de l'asservissement. Voilà pourquoi nous nous marions.*
> — Cyril Connoly

il s'agit d'ex-bourreaux de travail qui se fiaient à leur femme pour leur assurer un appui. Le travail ayant basculé dans le domaine du passé, l'épouse ayant disparu, ces hommes éprouvent un indicible mal de vivre. Dans le cas des femmes âgées, être veuves peut être catastrophiques lorsqu'elles se sont toujours fiées à leur mari pour s'occuper des finances, entretenir la maison et prendre des décisions importantes.

D'un autre côté, nos chercheurs ont découvert que nombre d'hommes et de femmes ayant perdu leur conjoint et réappris à vivre seuls trouvaient leur solitude très stimulante une fois leur deuil passé. Ces personnes redécouvrent une créativité qu'elles canalisent dans des activités comme la peinture et l'écriture. Ces nouveaux célibataires profitent également de la liberté et de l'indépendance qu'ils n'avaient pas au cours de leur mariage, avantages se traduisant par la possibilité de jouir de la vie d'une manière qu'ils n'auraient jamais cru possible.

Pour vivre plus longtemps et plus heureux, mettez-y un brin d'excentricité

Un Écossais, Alan Fairweather, ne mange que des pommes de terre, qu'elles soient en robe des champs, cuites au four ou frites. Parfois, il change ses habitudes et ajoute une tablette de chocolat à son régime. On ne s'étonnera point qu'il en ait fait la base de sa nourriture, puisque toute la vie de cet original tourne autour des prosaïques patates qu'il dit adorer au-delà de ce qui est raisonnable : Fairweather travaille en effet comme inspecteur des cultures de pommes de terre au ministère de l'Agriculture de l'Écosse.

Vous pensez probablement que Fairweather est un excentrique et vous avez raison. Quel que soit votre sentiment, ne vous apitoyez pas sur son sort ou sur celui de ses semblables, car, de l'avis du Dr David Weeks, un psychologue, et de Jamie James, auteurs d'un ouvrage sur le sujet[25], le cas de notre Écossais est celui d'un véritable excentrique.

Ce type de personne est plutôt solitaire. Weeks et James ont d'ailleurs découvert que les excentriques sont loin d'être malheureux puisqu'en fait ils semblent plus heureux que la moyenne de la population, sont en meilleure santé et vivent plus longtemps. Et si vous êtes tenté de penser que les excentriques n'ont pas toute leur tête, détrompez-vous : nos auteurs ont trouvé qu'ils étaient beaucoup plus intelligents que la moyenne des gens, qu'ils faisaient preuve de non-conformisme, d'un sens certain de la création, de curiosité, d'idéalisme, qu'ils avaient des opinions bien étayées et qu'ils se passionnaient pour leur violon d'Ingres. Week et James ont effectué des études sur plus de 900 excentriques et ont découvert que la majorité de ces hommes et de ces femmes vivaient seuls parce que les autres les jugeaient trop bizarres pour partager leur vie. Peu importe, les vrais excentriques n'éprouvent aucune difficulté avec la solitude, car celle-ci représente pour eux une sorte de carburant.

Au départ, je n'avais jamais connu de véritables excentriques. Plus tard, je me souvins qu'il y avait à Toronto un homme que bien des citoyens de cette ville considéraient comme un excentrique. Il s'agissait de Ben Kerr, le chanteur des rues dont j'ai déjà parlé au chapitre IV. Ben est un phénomène bien connu des Torontois, car, tous les quatre ans, à l'occasion des élections municipales, il présente sa candidature à la mairie. Bien que sans emploi dans le sens habituel du terme, Ben n'est pas marié, mais l'a déjà été.

Mes principaux violons d'Ingres sont la lecture, la musique et le silence.

— Edith Sitwell

---

25. *Eccentrics*, publié en 1995 aux États-Unis. Pas de traduction française connue.

151

Fichez-moi la paix ou je finirai bien par trouver quelqu'un qui me laissera tranquille !

En 1982, Ben avait une conjointe et possédait une bonne situation dans le sens traditionnel du terme. Lorsque à

> *De temps à autre, il faut prendre le temps de se visiter soi-même.*
>
> — Audrey Giorgi

l'occasion d'une réorganisation de bureau, on l'installa près d'un voisin qui fumait comme une cheminée, il quitta son poste de directeur adjoint du Crédit à la Commission portuaire de Toronto. Incapable de supporter la fumée, Kerr avait préalablement fait des revendications auprès de la haute direction qui avait fait la sourde oreille. Il devint un activiste antitabac de Nashville à Los Angeles et, lorsqu'il revint à Toronto en 1983, il mit un terme à un mariage qui n'avait jamais tenu ses promesses. Depuis lors, il ne s'est jamais remarié et n'a plus jamais travaillé pour personne d'autre que lui. Peu après avoir appris que j'écrivais le présent ouvrage, il me revint avec une chanson qu'il intitula *La joie de ne pas être marié*, où il donne toutes les raisons pour demeurer célibataire et se réjouir de l'être.

Si jamais vous êtes à Toronto à l'angle des rues Yonge et Bloor entre 14 h et 17 h, dites à Ben que vous venez de ma part et demandez-lui de vous chanter sa petite chanson. Vous rencontrerez là un original des plus heureux.

Les excentriques du genre de Ben Kerr jouissent d'une grande liberté, qui est le luxe de nombreux célibataires. Ils sont libres de choisir les hobbies et le mode de vie qui les passionnent. Délivrés du besoin de se conformer à la norme, les excentriques se soucient peu des qu'en-dira-t-on. Leurs caractéristiques psychologiques principales, c'est-à-dire la confiance qu'ils ont en eux et leur sens de la liberté, les aident à être très heureux et à vivre longtemps. Comme morale de cette histoire, je peux donc dire que si vous voulez vivre heureux et longtemps, un brin d'excentricité ne saurait nuire.

Donnez à la solitude l'occasion de se manifester

Lorsqu'ils sont seuls, de nombreux célibataires sont mal à l'aise parce qu'ils ne donnent pas à la solitude la possibilité de se manifester. Ils s'empressent d'allumer le poste de télévision ou d'aller courir les magasins pour s'acheter des choses dont ils n'ont pas besoin ou qu'ils n'ont pas les moyens de s'offrir. En ne laissant pas la chance à la solitude de se faire sentir, ces célibataires ne pourront jamais en apprécier les charmes.

Après avoir été avec des gens pendant un certain temps, nous prenons l'habitude d'avoir toujours quelqu'un autour de nous, tout particulièrement lorsque nous sommes avec des gens intéressants. Dans son livre *Illusions*, Richard Bach raconte combien il lui faut d'efforts et de mises au point pour se retrouver après avoir été avec des gens pendant un bout de temps. Il écrit : « Enfin seul... Une personne s'habitue à se retrouver seule ; il lui suffit de se retrouver en société toute une journée pour avoir à se réhabituer à la solitude. »

Pour écrire ce livre, tout comme les précédents, il a fallu que je m'habitue à être seul. Pendant le premier quart d'heure, sinon la première demi-heure, je passais des coups de téléphone, j'ouvrais la radio ou je lisais des choses qui n'avaient absolument aucun rapport avec mon travail. Il fallait à tout prix que je me fasse à l'idée que j'étais seul. Puis, je me mettais à écrire et j'appréciais ma solitude à sa juste valeur.

> *Dès que possible, fuyez la foule.*
> *Réservez-vous du temps,*
> *ne serait-ce que quelques heures par jour.*
> — Arthur Brisbane

Lorsque vous vous retrouvez seul, au premier signe de peur ou d'anxiété, ne cherchez pas à nier votre solitude. Nul n'est besoin de vous sentir abandonné ou débranché de la vie. Plutôt que de vous lamenter de ne pas avoir de compagnie, prenez conscience du fait que vous vous retrouvez avec quelqu'un de très important : vous-même. Il s'agit d'une occasion unique de récolter les mérites que seule la solitude dynamique peut vous offrir.

Nous faisons tous l'expérience d'une certaine dose de solitude dans nos vies. Même les individus qui réussissent le mieux, qu'ils soient célibataires ou en couple, vivent de courtes périodes sans côtoyer qui que ce soit. Les personnes qui sont souvent seules ne s'estiment pas pour autant isolées. Elles se sentent bien dans leur peau et apprécient la vie qu'elles mènent. Elles se retrouvent aussi bien face à elles-mêmes qu'en compagnie des autres. Elles savent aussi que, dans la vie, la satisfaction et le bonheur sont possibles en dehors d'un contexte d'intimité.

LES AVANTAGES DU CÉLIBAT

✓ Vous pouvez cacher votre vaisselle sale dans le four.

✓ Vous pouvez veiller aussi longtemps que vous le voulez.

Lorsque je me retrouve seul avec toutes les commodités de notre époque comme mon téléphone, mon poste de radio, mes livres, mon ordinateur, mes magazines et mes divers moyens de transport, je peux me sentir seul pendant un certain temps, mais cela ne m'empêche pas de penser à ces individus très motivés qui ont vécu de longues périodes d'isolement sans penser pour autant que leur vie avait perdu son sens. L'histoire véridique de Sydney Rittenberg suffit à replacer ma petite personne dans sa juste perspective.

Sydney Rittenberg a passé 11 ans au régime cellulaire dans les prisons chinoises. Pendant des années, ses gardiens l'empêchaient même de soliloquer et refusaient de lui donner de quoi écrire une lettre. Ce prisonnier a raconté qu'il continuait à se rappeler qu'il pourrait fort bien être au centre-ville de New York parmi 10 000 personnes et se retrouver aussi seul que dans son trou. Si un Sydney Rittenberg a pu passer 11 ans dans une cellule dénuée de toute commodité et s'en tirer sans déséquilibre profond, je ne vois pas pourquoi nous tous, célibataires endurcis, ne pourrions pas demeurer sans compagnie quelques heures par jour.

Sidney Rittenberg a simplement choisi de ne pas être seul face à lui-même. Vous pouvez faire la même chose. Il est possible que l'art d'apprécier sa solitude soit la clé du bonheur pour les célibataires. Toutefois, cela ne vous empêchera pas d'avoir l'occasion de rencontrer

> *Connaître les autres, c'est la sagesse.*
> *Se connaître soi-même, c'est l'illumination.*
>
> — Lao-Tseu

en route quelqu'un qui satisfasse vos attentes sur le plan sentimental. Apprendre à vivre heureux lorsqu'on est seul est l'indication d'une qualité intérieure et d'un sens marqué de sa personnalité.

chapitre 8

Mettez l'argent à la bonne place

La course au fric est une course à quelque chose d'autre

Deux types de célibataires sont particulièrement obnubilés par l'argent : ceux qui en ont à ne savoir qu'en faire et les fauchés. Lorsque l'argent est en cause, le bon sens semble se sauver à toutes jambes. Les psychologues ont observé que nombreuses étaient les personnes qui avaient plus d'obsessions pécuniaires que sexuelles. Si l'on prend en considération tous les problèmes financiers qu'éprouvent les êtres humains, je pense que si nous n'avions pas à jouer au petit jeu de l'argent, nous ne nous en porterions que mieux.

Malheureusement, quelle que soit notre fortune, nous devons jouer le jeu du fric jusqu'à un certain point. Se nourrir, se loger, s'assurer une éducation et des soins de santé, se vêtir, se déplacer sont des actes que l'on ne peut réaliser sans argent. La plupart d'entre nous doivent consacrer beaucoup de temps, d'énergie et d'effort pour gagner notre vie, ce qui entre en contradiction avec la joie d'apprécier les choses vraiment intéressantes que la vie nous offre.

En Amérique du Nord, l'argent ne devrait pas poser un problème insurmontable comme l'imaginent les gens, car les règles du jeu sont relativement faciles si vous connaissez le secret que l'on m'a confié voilà quelque temps. Ce secret est qu'il existe deux puissants moyens de traiter la question d'argent. J'aurai l'occasion d'en reparler plus loin dans le présent chapitre.

> *Ne vous mariez pas pour de l'argent. Il vous est possible de l'emprunter à meilleur compte.*
>
> – Un sage anonyme

Les célibataires qui satisfont leurs besoins essentiels dans la vie peuvent alléger leurs problèmes financiers en

Je n'ai jamais suffisamment haï un homme au point d'avoir l'outrecuidance de lui rendre ses diamants.

– Zsa Zsa Gabor

redonnant à l'argent la place qui lui revient. Nos problèmes socio-économiques dépendent davantage de nos valeurs et de nos attentes que des aléas de l'économie. La plupart d'entre nous peuvent faire face à nos véritables besoins matériels. Nous n'avons pas le temps d'apprécier ce que nous avons et nous en voulons toujours davantage. Si, à l'heure actuelle, nous n'avons pas le temps de jouir de ce que nous avons, il est probable que si nous en avions davantage, nous n'aurions pas le temps d'apprécier cette surabondance.

La course à l'argent et aux biens matériels est un effort mal dirigé pour remplacer ce qui manque dans nos vies. Cette course ébranle certains acquis comme nos relations, nos amitiés. Le problème réside dans le fait que nous nous jugeons par l'étalage que nous faisons de nos biens. En travaillant de manière plus acharnée pour accumuler davantage de biens de consommation, nous nous retrouvons avec moins de temps à consacrer à nos amis, à notre famille et à notre collectivité. La course au fric et aux biens matériels est normalement une course à quelque chose d'autre.

Lorsque « trop » n'est jamais « assez »

Voilà quelques années, le *Wall Street Journal* chargea la Roper Organization d'enquêter auprès de la population pour voir comment elle définissait le Rêve américain et si elle estimait qu'il était réalisable. À une certaine époque, ce dernier prenait figure de liberté. À présent, pour la plupart des gens, le Rêve américain est synonyme de prospérité et de richesse. Les gens ne se sentent libres que s'ils ont accès à l'argent.

On serait porté à penser que, par rapport aux gens modestes, un pourcentage beaucoup plus important de personnes très à l'aise auraient déclaré vivre le fameux Rêve américain. Ce ne fut pas le cas. Seulement six pour cent de celles dont le revenu atteignait 50 000 $US par année estimaient avoir réalisé leur rêve, comparativement à cinq pour cent des gens économiquement faibles dont le revenu annuel était de 15 000 $US ou moins. Ces derniers estimaient que le

Rêve américain était vivable avec des revenus moyens de 50 000 $ tandis que ceux qui se classaient dans cette catégorie de gens aisés affirmaient que pour être heureux, il leur fallait au moins 100 000 $ par année pour atteindre l'inaccessible étoile.

La croissance économique n'apportera pas davantage de bonheur à la plupart des membres de la classe moyenne nord-américaine. Ce que l'on a l'habitude de qualifier de « problèmes économiques » ne représente en fait que des problèmes psychologiques déguisés. Le bien-être des Nord-Américains pâtit sur les plans physique et émotionnel à cause du manque de relations humaines chaleureuses et du manque de temps pour profiter de ce qu'ils possèdent déjà. Dans leur quête incessante pour amasser plus d'argent, des individus déjà riches se rendent malades – parfois jusqu'à la mort... D'ailleurs, après s'être retrouvés en possession de richesses inestimables, bien des gens ressentent une immense sensation de vacuité et de frustration.

> *Le riche et sa fille ne tardent pas à se séparer.*
>
> – Kim Hubbard

Au Canada et aux États-Unis, le seuil de pauvreté ne se situe pas à un niveau où les biens d'une famille pauvre sont considérés comme ceux de familles des classes moyenne et aisée dans bien des pays du tiers-monde. Il n'y a pas si longtemps, dans les classes moyennes d'Amérique du Nord, posséder une télé en noir et blanc était un luxe. Puis, ce fut au tour de la télévision en couleur. Aujourd'hui, cet appareil est pratiquement devenu une nécessité et presque toutes les familles sous le seuil de pauvreté en possèdent un. D'ailleurs, étant donné que 50 pour cent des foyers américains possèdent deux ou plusieurs appareils récepteurs du genre, vous n'étonnerez personne en vous vantant d'en avoir deux chez vous.

Lorsque je l'ai appelée pour lui dire que j'allais aller la chercher en Mercedes et que je me suis présenté dans cette vieille camionnette, elle a découvert que je n'étais pas riche et j'ai découvert qu'elle n'avait aucun sens de l'humour...

En 1957, sur le plan de leur niveau de vie, les Américains affichaient le plus haut niveau de satisfaction jamais enregistré. Ce niveau chuta sensiblement au cours des années quatre-vingt et quatre-vingt-dix malgré le fait qu'on trouvait sept fois plus de lave-vaisselle dans les foyers, et que trois fois plus de ces mêmes foyers avaient à la porte deux voitures ou plus. Dans les années quatre-vingt-dix, l'Américain moyen consommait trois fois plus et était propriétaire de trois fois plus de choses que son homologue des années cinquante, mais il se plaignait deux fois plus que ce dernier.

Le problème en est un de cupidité. La plupart des gens veulent tout avoir : de l'argent à profusion, une vaste demeure, deux ou trois voitures, prendre des vacances dans des régions de plus en plus exotiques comme les Antilles ou l'Extrême-Orient. Cette mentalité avide, cette gloutonnerie de possessions nous a apporté un degré de satisfaction moindre que celui qu'obtenaient les générations qui nous ont précédés, et ce, même si nous possédons davantage de biens que celles-ci.

On nous a programmés pour penser que le confort le plus absolu et la sécurité à long terme sont nécessaires au bonheur. En Amérique du Nord, comme dans la plupart des pays occidentaux, la majorité d'entre nous sommes à l'abri de l'extrême pauvreté, de la faim, de la maladie et des catastrophes naturelles à un degré que nos grands-parents n'auraient même pas imaginé. Cela ne nous empêche pas de gloser sur les horreurs de l'économie mondiale dès que nos quatre actions perdent quelques points en bourse et que certains d'entre nous se retrouvent temporairement sans travail.

La consommation n'est pas inhérente à la nature humaine. La dynamique qui nous pousse constamment à acquérir des biens matériels est un comportement programmé qui a fait son apparition avec le capitalisme, la révolution industrielle et une attitude moraliste envers le travail. La télévision a également un rôle à jouer. De nombreux messages dont la télévision nous bombarde peuvent remettre en cause notre bien-être. On tente de nous faire croire que si nous n'achetons pas les derniers gadgets ou babioles à la mode, nous ne sommes que des perdants et des ratés. On nous matraque avec des images qui sont censées nous dire qui nous devons être, le genre de voiture que nous sommes censés conduire, la grandeur du logement que nous

> *Ma fortune ne réside pas dans mes biens, mais dans le contingentement de mes besoins.*
> – J. Brotherton

devons occuper. La publicité nous promet que l'utilisation de certains produits nous assurera une revalorisation de notre personnalité, le pouvoir et le bonheur. Certains d'entre nous sont tellement influencés par les messages de ces colporteurs de bonheur qu'ils se voient comme des sortes de désaxés simplement parce qu'ils ne correspondent pas aux critères de ces images synthétiques de la réussite. D'ailleurs, si nous n'avions pas à subir ces annonces débiles, nous ne nous en porterions que mieux.

Les dentifrices à l'oxybenzopyridine et la climatisation automatique par chobilgotron multiplan dans les voitures ne constituent certainement pas la clé du bonheur, mais le consumérisme compte bien sur vous pour être perpétuellement insatisfait. Le prochain

Peu de riches sont propriétaires de leurs biens. Ce sont leurs biens qui les possèdent.

— Robert G. Ingersoll

achat comblera sûrement vos attentes, mais pour combien de temps ? Si vous parvenez à trouver le bonheur, il y a de fortes chances pour que vous n'achetiez plus rien d'autre. Par conséquent, nous devons prendre conscience que la satisfaction qui suit toute nouvelle acquisition est forcément éphémère et nous pousse seulement à désirer quelque chose d'autre. Plus n'est jamais assez.

Comment avoir davantage d'argent peut amplifier vos problèmes

En avril 1995, l'agence de presse Reuter signalait que l'évêque de Liverpool demandait au gouvernement anglais de réviser les concepts de sa loterie nationale. Il suggérait entre autres d'accorder aux gagnants des prix moins importants que d'habitude. Cette réponse du clergé s'était manifestée après qu'un habitant de Liverpool se soit suicidé après avoir raté, pensait-il, l'occasion de gagner un gros lot d'une valeur de 13 millions de dollars américains. Timothy O'Brien, un homme de 51 ans, père de deux enfants, s'était brûlé la cervelle après ne pas avoir pris son habituel billet de loto hebdomadaire, un rituel à l'occasion duquel il jouait depuis des années le même chiffre. O'Brien s'imagina avoir raté la chance de sa vie puisque son numéro était sorti la semaine où il s'était abstenu de jouer.

> *Ma bonne réputation est ma plus grande richesse.*
>
> – Un sage anonyme

Timothy O'Brien n'avait pas réalisé que sa vie n'aurait guère subi d'amélioration s'il avait gagné. À cause des problèmes inattendus qui accompagnent le fait de se retrouver avec tant d'argent, de nombreux gagnants se retrouvent moins avancés qu'ils ne l'étaient avant de décrocher le gros lot. Étant donné qu'il n'avait pas hésité à se suicider pour quelque chose qui *aurait pu* arriver, il est évident que si O'Brien avait gagné, il se serait retrouvé avec une multitude de problèmes. En fait, après vérification, on découvrit que le malheureux O'Brien n'aurait pas gagné 13 millions, mais seulement l'équivalent de cent malheureux dollars américains...

Étant donné les espoirs factices que nous plaçons sur la richesse appréhendée, le fait de jongler avec des chiffres importants a contribué à désorienter plus d'une personne comme Timothy O'Brien. En effet, on entend souvent les gens dire :

✓ Si j'avais beaucoup d'argent, je serais heureux.

✓ Si j'avais beaucoup d'argent, je profiterais de mes loisirs.

✓ Si j'avais beaucoup d'argent, je me sentirais bien dans ma peau.

✓ Si j'avais beaucoup d'argent, plus de gens m'aimeraient et je pourrais trouver un conjoint ou une conjointe.

Si vous n'entretenez qu'une seule de ces pensées, vous vous trouvez sous l'emprise de l'argent et de la peur. Vous vous imaginez que « sécurité » rime avec « argent », ce qui est faux. Si vous pensez que l'argent est synonyme de sécurité, vous ne vous contenterez pas d'une somme modeste comme celle avec laquelle les personnes sûres d'elles-mêmes peuvent vivre extrêmement heureuses. Avec une telle somme, vous vous imaginerez que vous n'en aurez jamais assez pour subvenir à vos besoins. Si vous parvenez à acquérir des biens d'une valeur appréciable, vous vivrez dans la crainte maladive de les perdre. Plus vous gagnerez d'argent et plus la trouille vous collera aux tripes.

Une étude très sérieuse menée en 1993 par Ed Diener, un psychologue de l'Université de l'Illinois, a confirmé qu'une fois

nos besoins fondamentaux satisfaits, on n'est pas plus heureux et
on ne résout pas davantage de
problèmes avec davantage
d'argent. En réalité, lorsque les
gens se retrouvent avec une
somme d'argent importante, ils se
retrouvent aussi avec une foule de
problèmes. « Lorsque vos besoins
fondamentaux sont comblés, les
augmentations de revenus deviennent de moins en moins importantes », souligne Diener. Ainsi, les
gens qui reçoivent une augmentation peuvent être plus heureux
pendant un certain temps, mais
dès qu'ils s'y habituent, ils visent
la possibilité de faire encore plus

Oh ! Combien j'aimerais m'acheter une Porsche ! Je pourrais impressionner les filles et inviter certaines d'entre elles au restaurant...

Parfois, je me dis que si je n'avais pas acheté cette saloperie de bagnole, j'aurais les moyens d'inviter des filles au restaurant...

d'argent afin de satisfaire leurs nouvelles attentes. Ils veulent
de nouvelles maisons, des voitures de luxe et des vacances
encore plus exotiques. Malheureusement, tout cela n'assure
pas le bonheur à long terme.

Lorsque les gens ont plus d'argent qu'ils n'en ont besoin
pour vivre décemment, les problèmes surgissent. En voici
quelques exemples.

✓ Les relations avec les amis et les connaissances se
détériorent.

✓ Il devient compliqué de gérer sa fortune et cela exige
beaucoup de temps.

✓ En général, la vie se complique également.

✓ Lorsqu'on s'enrichit, la peur de se faire voler ou
escroquer se manifeste avec plus d'acuité.

✓ La peur de perdre de l'argent sur ses placements
s'accroît considérablement.

Par conséquent, il faut redonner à l'argent la vraie place
qui lui revient. Le mécontentement provoqué par vos désirs
inassouvis peut vous empêcher de mener une vie intéressante. Il se peut que vous meniez déjà une vie riche et bien

remplie, mais que vous ne l'appréciez pas à sa juste valeur. Si vos besoins essentiels comme vous loger, vous nourrir et vous vêtir se trouvent satisfaits, le fait d'avoir davantage d'argent ne vous assurera pas le bonheur. Vous comparer à ceux et celles qui sont plus riches que vous ne peut qu'engendrer de l'aigreur. Vous trouverez toujours quelqu'un plus à l'aise que vous ne l'êtes. Si vous parvenez à surpasser les Dupont, il y a de fortes possibilités qu'il vous faille ensuite chercher à surpasser les Durand. C'est un jeu inepte qui n'a pas de fin.

> *Le seul sentiment que la richesse suscite chez certaines gens est d'engendrer chez eux la crainte de la perdre.*
>
> – Rivarol

Pour les célibataires dont les revenus sont particulièrement modestes, il suffit souvent d'un peu de créativité et de sacrifices pour résoudre leurs problèmes de trésorerie. Ma sœur, qui est une mère célibataire avec deux jeunes enfants à charge, est loin d'avoir une bonne situation. Même si ses revenus ne sont guère supérieurs à ce que les économistes estiment être le seuil de pauvreté pour son cas particulier, elle se débrouille fort bien. Elle n'essaie pas de maintenir un niveau de vie supérieur à ses moyens, car elle estime que cela est sans importance pour ses enfants et qu'avoir la voiture dernier cri, une maison de yuppie et des vêtements à la fine pointe de la mode ne rendrait pas sa famille plus heureuse. Elle sait fort bien qu'une fois les besoins de base satisfaits, ce dont les enfants ont d'abord besoin, c'est d'une solide instruction, d'un appui émotionnel sans faille et de beaucoup d'amour.

Les sages nous répètent que l'argent ne résout pas tous les problèmes. De nombreuses personnes ignorent ce précepte et essaient de devenir riches sans égard aux sacrifices qu'elles doivent consentir pour y arriver. Elles s'accrochent à l'illusion que l'argent leur apportera automatiquement le bonheur. Dans de nombreux cas, les gens veulent avoir beaucoup d'argent pour s'arroger le pouvoir qui va avec ce dernier. Ce qu'ils ne savent pas, c'est que le pouvoir mal utilisé nous amène à poser beaucoup de gestes destructeurs.

Le mythe de l'argent est colporté par de nombreux individus riches comme Crésus mais d'une pauvreté de caractère lamentable. Ils ne savent même pas comment dépenser et jouir intelligemment de leurs biens. Ils ne savent pas non plus comment partager leur bonne fortune avec les gens moins fortunés qu'eux. D'ailleurs, en Amérique du Nord, ce sont surtout les gens des classes pauvre et moyenne qui partagent ce qu'ils ont avec les défavorisés.

Atteindre un seul but qui est de gagner beaucoup d'argent ne vous rendra pas heureux pour autant. Ce n'est pas dans les biens matériels ni dans un compte en banque bien garni qu'on peut trouver un sentiment de plénitude. Seul un objectif élevé pourra vous aider à être heureux. Cet objectif pourrait en même temps vous aider à gagner plus d'argent, mais si tel n'était pas le cas, quelle importance ? Que vous disposiez de moyens modestes ou de moyens conséquents, avec un objectif supérieur, vous trouverez plus facilement le bonheur.

> *Lorsque les problèmes de la vie vous semblent insurmontables, regardez autour de vous. En voyant ce à quoi les autres gens doivent faire face, vous vous estimerez fortuné.*
>
> – Ann Landers

Appréciez ce que vous avez et enrichissez-vous

En 1971, à la mort de son père, Jean-Claude Duvalier, dit « Baby Doc », hérita de la charge du dictateur qui s'était proclamé président à vie d'Haïti. Expulsé en 1986 par les Haïtiens excédés, Baby Doc et sa femme Michèle, non contents d'avoir rempli un avion cargo d'Air Haïti de biens volés à leur peuple, se firent évacuer par un appareil de l'aviation américaine. Ils en firent même descendre les parents de Michèle ainsi que neuf autres passagers pour pouvoir emporter davantage de butin soustrait à leur pays, considéré comme l'un des plus pauvres du tiers-monde. Baby Doc et son épouse s'installèrent sur la Côte d'Azur où ils menaient un grand train de vie et dépensaient plusieurs millions de dollars par année. Le couple se sépara en 1990. Redevenu célibataire, Baby Doc dilapida toute sa fortune et on l'évinça de sa luxueuse villa.

Il semble que des personnages du genre de Baby Doc auront toujours des problèmes d'argent, peu importe les sommes qu'ils réussiront à s'approprier. Il est en effet très difficile de maintenir un équilibre cohérent dans ce domaine. En Amérique du Nord, avoir plus d'argent représente le dénominateur commun pour se procurer le confort matériel et décrocher le *standing* approprié. Après s'être fait lessiver le cerveau par des gens qui leur répètent que l'accumulation de biens matériels est synonyme d'une vie meilleure, les gens se retrouvent graduellement et en toute candeur avec des engagements et des responsabilités financières qui sont faciles à prendre, mais dont on ne se sort que très difficilement. L'erreur que commettent bien des gens est de maintenir un standing qu'ils n'ont pas les moyens de s'offrir[26].

Se faire donner beaucoup d'argent est comme se faire présenter par la lame une épée de verre.
Mieux vaut la manipuler avec précaution en se demandant à quoi elle peut bien servir.

– Richard Bach

Si vous avez des difficultés financières, il faut que vous puissiez les résoudre de manière créative. Comme la plupart des problèmes, ceux qui relèvent de questions d'argent doivent être replacés dans leur contexte. Ainsi, si vous avez des dettes importantes, les agences de perception ne vous intimideront que si vous voulez bien vous laisser intimider. En Amérique du Nord, personne ne vous mettra en prison parce que vous devez beaucoup d'argent. Lorsque je vivais à la limite de la pauvreté et que j'avais une agence de perception qui me tarabustait parce que j'étais en retard dans mes versements, j'avais quelques trucs pour calmer l'agent. Ainsi, dès que ce dernier me téléphonait, je ne faisais aucun commentaire et je me contentais de heurter le bureau avec le combiné jusqu'à ce qu'il raccroche. Il ne tardait pas à renvoyer mon dossier à la société prêteuse. Lorsque j'étais en mesure de rembourser cette dernière, j'effectuais des versements à mon rythme, sans avoir à endurer un collecteur à grande gueule.

LES AVANTAGES DU CÉLIBAT

✓ Vous pouvez flamber votre argent en achetant une Porsche plutôt qu'un logement.
✓ Vous pouvez utiliser toute l'eau chaude.
✓ Vous pouvez prendre de plus longues vacances supplémentaires.

Le temps est venu de vous révéler l'existence de deux puissants moyens pour résoudre les problèmes d'argent. Les deux sont aussi efficaces l'un que l'autre. Le premier est de dépenser moins que vous ne gagnez. Si vous avez déjà essayé mais que cela n'a pas fonctionné, le deuxième moyen est de gagner davantage d'argent que vous n'en dépensez. Ce n'est pas plus compliqué

---

26. Réaction courante surnommée au Québec « phénomène des voisins gonflables », par allusion, sans doute, à la grenouille de la fable de La Fontaine qui veut se faire aussi grosse que le bœuf.

que cela. Appliquez l'un de ces deux grands principes et vous réglerez vos problèmes d'argent.

Si vous avez suffisamment d'argent à votre disposition, peu importe combien vous en gagnez, il y a fort à parier que vous en gaspillez pour un tas de choses inutiles. Il est donc important de découvrir si vous êtes une personne prodigue vivant à la limite de l'embargo. Il faut que vous preniez un peu de temps pour apprendre à gérer vos finances. Ce faisant, vous découvrirez qu'en réduisant votre train de vie vous n'aurez pas l'impression de vous priver. Essayez de réduire vos dépenses et vous serez surpris de constater combien il est facile de vivre avec un minimum de moyens.

À l'autre extrémité de la chaîne, les dépensiers qui jettent l'argent par les fenêtres sont comme les pingres incapables de sortir leurs sous. Ils ne savent pas profiter de leur argent, peu importe combien ils en possèdent. Si vous êtes l'une de ces personnes, vous souffrez d'un mal assez répandu. Vous devez vous dire qu'il n'existe qu'une raison pour posséder de l'argent et c'est de le dépenser. À quoi sert d'avoir de l'argent en abondance si vous n'avez pas appris à vous en servir ? La capacité de jouir de sa prospérité est essentielle pour s'épanouir grâce aux avantages que l'argent peut nous offrir. Imaginez certaines manières amusantes de dépenser votre argent. Si, après quelque temps, vous ne trouvez pas de bonnes idées, contactez-moi. Je n'aurai aucun mal à vous aider à claquer votre fric, et nulle somme ne sera pour moi trop importante, car je trouverai des moyens pour vous soulager de vos misères et résoudre tous les problèmes ontologiques que vous pourriez avoir.

> *Après avoir dépensé de l'argent dans son sommeil, Hermon l'avare perdit la raison et alla se pendre.*
>
> – Lucilius

Redonner à l'argent la place qui lui revient signifie que vous prenez conscience du fait que « davantage » ne veut pas dire « plus joyeux ». Définir votre bien-être et votre identité en termes de possessions matérielles et de compte en banque ne vous apportera pas de satisfaction à long terme. Travailler comme une bête simplement pour faire beaucoup d'argent est un acte de

> *J'ai l'intention de dépenser quatre-vingt-dix pour cent de mon argent à boire et à faire la fête avec des filles et les autres dix pour cent, de manière déraisonnable.*
>
> – Tug McGraw

désespoir. Que vous partiez à la chasse au bonheur ou à l'argent, vous ne risquez que d'éloigner de vous ces deux éléments. Tel que je le mentionnais dans le chapitre IV, dès que vous cesserez d'être obnubilé par l'argent et qu'à la place vous ferez ce que vous aimez, vous serez immensément récompensé par la satisfaction et la joie que vous tirerez de votre travail. Paradoxalement, lorsque vous cesserez d'être obsédé par l'argent, celui-ci risquera fort de venir récompenser vos efforts.

L'argent devrait refléter votre énergie créatrice et votre sécurité personnelle. Appliquer votre énergie créatrice à travailler à la réalisation d'un objectif supérieur vous apportera l'argent dont vous avez besoin pour bien vivre. Plus vous serez d'accord pour prendre des risques afin d'atteindre cet objectif dans la vie, et plus vous aurez d'occasions de gagner de l'argent à long terme. Il vous faudra aussi moins de choses pour vivre heureux parce que votre épanouissement viendra de la poursuite de la mission personnelle que vous vous êtes fixée. Si, par hasard, vous gagnez beaucoup d'argent en route, il ne s'agira là que de dividendes inattendus. Et même si vous pouvez vous en passer, ce ne sera pas une raison pour ne pas vous réjouir.

Souvenez-vous qu'avoir comme unique ambition de faire beaucoup d'argent vous détourne des autres choses importantes de la vie. L'argent ne peut acheter la vraie amitié ni les sincères relations. Essayer d'utiliser l'argent pour se procurer de l'amour ou se faire accepter des autres ne peut déboucher que sur des rapports superficiels et de la déception. Les amitiés solides sont basées sur le respect mutuel et ne coûtent rien. En réduisant vos désirs à l'essentiel, vous pouvez mener une vie plus heureuse. Pour mener une vie fructueuse, il faut apprendre à apprécier ce que l'on a.

> *Ô Jésus, apprenez-moi, s'il vous plaît, à apprécier ce que je possède avant que le temps ne me force à apprécier ce que je possédais.*
>
> – Suzan L. Lenzkes

chapitre 9

Des tuyaux pour qui serait tenté par un grand projet romantique

Le dilemme du rendez-vous

> *Help, I need somebody.*
> *Help, not just anybody*
> *Help, you know I need someone.*
> *Help!*
> – *Les Beatles* © *John Lennon et Paul McCartney*

Rencontrer l'âme sœur et établir une relation amoureuse et intime constitue le rêve bien légitime de la plupart des célibataires libres. En effet, s'ils avaient la possibilité d'avoir une relation sérieuse avec quelqu'un qu'ils aiment, la plupart des célibataires choisiraient de se marier. Seulement, voilà : rencontrer et faire la connaissance d'autres célibataires n'est pas évident, et ce dilemme existe pour tous. Il faut être capable de vivre un célibat heureux et, en même temps, pouvoir rencontrer des gens avec lesquels partager des choses. Les rendez-vous de ce début de siècle sont différents de ceux des décennies passées, des années cinquante ou soixante, par exemple.

> *Je ne me considère pas comme une célibataire, mais comme quelqu'un pour qui l'amour est une gageure.*
> – Stephanie H. Piro

Pour certaines personnes, le jeu du rendez-vous est une véritable expédition. Pour d'autres, ce jeu est ennuyeux et générateur d'anxiété. Certains célibataires considèrent ces rencontres comme une telle corvée que, dans leur hâte d'en finir, ils ou elles se retrouvent embringués dans des unions à dormir debout.

*Je m'appelle Howard.
Jusqu'à maintenant,
comment me trouvez-
vous ?*

*Jusqu'à maintenant,
je pense que vous êtes
certainement préférable
aux araignées et aux
pannes de voitures...*

On se demandera alors comment des célibataires peuvent bien rencontrer des homologues qui leur soient compatibles. Sortir gagnant de la foire au rancard est une envie dévorante pour la plupart des célibataires. Il s'agit d'un jeu complexe, car rencontrer quelqu'un semble être devenu de plus en plus difficile avec le temps. En 1993, 19 pour cent des femmes ne s'étaient jamais mariées, contre six pour cent en 1970. Toujours en 1993, 30 pour cent des hommes ne s'étaient jamais mariés contre neuf pour cent en 1970. Et pourtant, certaines études indiquent que 72 pour cent des femmes célibataires et que 56 pour cent des hommes dans la même situation manifestent le désir de se marier dans l'année courante.

Les parents célibataires éprouvent toutes les difficultés habituelles, plus celles qui sont reliées aux pressions et aux contraintes imposées par leurs enfants. Une fois qu'ils ont accompli leurs devoirs parentaux, il leur reste peu de temps pour sortir. Cette situation réduit d'autant les chances de fixer des rendez-vous et de rencontrer des partenaires.

Dans certaines villes, les femmes peuvent éprouver de réelles difficultés à rencontrer quelqu'un. Une étude récente menée conjointement par les universités de Yale et de Harvard démontre qu'une femme blanche et diplômée universitaire a beaucoup de mal à se marier après trente ans. S'appuyant sur cette étude, le magazine *Newsweek* n'hésite pas à affirmer que les chances de se marier pour une femme de 40 ans sont aussi bonnes (ou mauvaises !) que de se faire abattre par un terroriste.

*Un jour, Burt Reynolds m'a invitée à sortir.
Il est vrai que je me trouvais
dans sa chambre...*

– Phyllis Diller

Étant donné les difficultés qu'éprouvent les célibataires à se rencontrer, il ne faudrait pas se surprendre de voir émerger en Amérique du Nord une industrie des plus prospères : celle des agences de rencontres.

Ceux et celles qui cherchent l'âme sœur peuvent s'offrir une cure de rajeunissement, s'inscrire dans un club de célibataires ou dans une agence de rencontres, lire les petites annonces, fréquenter des clubs sportifs et des clubs de gastronomes, partir en croisière ou au Club Med, et recourir aux services de conseillers en tous genres. Aux États-Unis, il existe des organisations décoiffantes comme la SINBADS (*Women who are : Single in Need of Blokes, in Absolutely Desperate State*), qui se traduit librement par « Femmes célibataires dans un état absolument désespéré recherchant mecs », ou encore la USWISOMWAGMOHOT (*United Single Women in Search Of Men Who Aren't Gay, Married, Or Hung-up On Their Mothers*), qui signifie « Célibataires unies recherchant des hommes ni homosexuels ni mariés ni sous l'emprise de leur mère ».

S'impliquer sous-entend s'investir

À la fin du siècle dernier, pour gagner au jeu des rencontres, il fallait rester davantage aux aguets et faire preuve d'une créativité décuplée. Si vous désiriez vous engager dans une relation sérieuse, le prix à payer n'était rien d'autre que votre liberté. De toute manière, dans une certaine mesure, il vous faudra faire des compromis sur le plan de votre individualité. Avant de décider de vous embarquer dans une relation, il faudra être certain de pouvoir l'assumer. Si vous venez de divorcer ou de vous séparer, le temps n'est probablement pas opportun pour ce genre d'implications. Certaines personnes ont besoin d'une longue période de réadaptation avant de s'engager à nouveau, tandis que d'autres ont pour principe qu'un clou chasse l'autre.

Vous devez prendre garde de ne pas tomber dans le piège inextricable qui consiste à ne vivre que pour vous, car en vous attachant à quelqu'un, vous devrez faire des compromis. Si vous êtes de nature très égocentrique, il y a de fortes possibilités pour que les autres vous tiennent à distance. Pour établir une relation digne de ce nom, il vous faudra donc vous impliquer envers l'autre et vous accommoder de son emploi du temps. Si vous vous montrez trop catégorique dans votre *modus vivendi*, votre existence sera trop structurée et trop étriquée pour permettre à quelqu'un d'envahir votre bulle psychologique. Avant de vous impliquer dans une relation intime, assurez-vous de l'établir dans une perspective réaliste et non sur un scénario de roman de gare. Les diverses étapes d'une relation peuvent comporter des débuts houleux, de l'amitié, de l'amour, des désaccords, des crises, des histoires d'enfants, de l'ennui et une fin en queue de poisson. Il faut bien se dire que chaque relation ne débouchera pas sur le grand amour ou sur un engagement à long terme.

> *Donnez-moi mon sac de golf, de l'air pur et une chouette partenaire et vous pourrez garder mon sac et le bon air en prime.*
>
> — Jack Benny

L'attachement, l'intimité et l'engagement caractérisent les relations de couple. La question est la suivante : désirez-vous vous impliquer dans une relation ? Si oui, il vous faut savoir ceci : s'impliquer sous-entend s'investir et donc, compliquer les choses et les rendre plus difficiles. Beaucoup de gens s'impliquent et leur engagement les force à mener une vie plus complexe comportant davantage d'aléas.

Malgré des tas de difficultés et de complications, les gens persistent à essayer de faire fonctionner leurs relations et leur mariage. Dans son livre *Soul Mates*, Thomas Moore soutient que nous perdons alors notre temps. Selon lui, réussir sa vie de couple est fondé sur un idéal ou un modèle parfait. Si vous avez plus de 16 ans, vous aurez compris que la perfection n'est pas de ce monde.

LES AVANTAGES DU CÉLIBAT

✓ Vous pouvez inviter autant de copains cinglés à demeurer chez vous aussi longtemps que vous le désirez.

✓ Vous n'avez pas à partager la pizza de la taille d'une roue de camion que vous venez de vous préparer avec amour.

Une relation exige du temps, des efforts et de l'énergie. Elle peut nous apporter plaisir et douleur, et peut aussi se solder par un échec. Si les relations de couples peuvent enrichir notre âme, elles nous compliquent aussi la vie. Moore affirme : « Les relations ont le don de nous mettre le nez dans les vicissitudes de la vie – une expérience dont nous pourrions nous passer, mais qui nous expose de belle manière à notre propre profondeur. »

Malgré toutes les complications possibles, peut-être voudrez-vous entretenir des relations pour des raisons valables comme l'intimité, l'amour, le soutien moral, une communication hors pair, une fantastique expérience sexuelle et cent autres raisons. Si tel est le cas, il importe que vous fassiez le nécessaire pour vous trouver une bonne raison du genre. La prochaine fois que vous vous apitoierez sur votre sort parce que vous n'aurez pas réussi à rencontrer la personne extraordinaire dont vous rêvez, dites-vous que tout cela exige du temps et des efforts. Il existe dans la nature bien des gens qui s'arrangent pour rencontrer quelqu'un. Il n'en tient qu'à vous de faire comme eux.

À la recherche de l'homme ou de la femme de votre vie

Lorsqu'ils recherchent l'oiseau rare, la plupart des célibataires espèrent trouver le partenaire idéal. Les personnes que nous nous proposons de rencontrer sont censées posséder tous les traits de caractère du conjoint idéal. Le meilleur moyen de saper au départ vos chances d'entretenir une relation sérieuse est d'essayer de trouver quelqu'un qui réponde aux critères que vos parents ont définis plutôt qu'aux vôtres. Ne tenez donc pas compte de ce que vos parents et vos amis pensent de la personne qui vous intéresse. Que vous choisissiez quelqu'un qui ne fait pas leur affaire ne les regarde aucunement. Par ailleurs, si vous désirez vivre une relation sérieuse, évitez les compromis boiteux comme celui qui consiste à choisir quelqu'un qui ne correspond que très médiocrement à vos attentes.

Pour une fille, mieux vaut être belle que cérébrale, parce que les garçons voient mieux qu'ils ne pensent.

— Une illustre inconnue

En revanche, si vous cherchez quelqu'un qui puisse vous apporter tout ce que vous pouvez désirer chez un partenaire, vous sabotez vos chances d'entretenir une relation sérieuse, car personne ne peut vous donner cent pour cent de ce que vous attendez d'un mariage présumé idéal. Vous mettez également en danger la possibilité de réaliser une union heureuse si vous choisissez un partenaire pour les raisons suivantes.

UN PARTENAIRE AUTHENTIQUE N'EST PAS...

✓ Une personne qui est censée s'intéresser exactement aux mêmes choses que vous.

✓ Une personne que vous pouvez manipuler.

✓ Une personne sur laquelle vous pouvez entièrement vous reposer sur le plan financier.

✓ Une personne qui dépend entièrement de vous financièrement.

✓ Une personne qui s'érige en sauveur ou en protecteur.

✓ Une personne qui dépend entièrement de vous sur le plan affectif.

✓ Une personne qui nettoie derrière vous.

✓ Une personne qui prépare vos repas.

✓ Une personne qui vous fera vivre des fantasmes sexuels si intenses que vous vous retrouverez tous les soirs au nirvana.

✓ Une personne qui tond la pelouse et répare la machine à laver.

✓ Une personne qui est toujours d'accord avec vous.

✓ Une personne qui abandonne ses objectifs pour leur substituer les vôtres.

✓ Une personne censée être extravertie afin de contrebalancer votre timidité.

✓ Une personne qui sacrifie totalement d'autres relations satisfaisantes avec sa famille et ses amis pour vous faire plaisir.

✓ Une personne dirigiste, très axée sur l'atteinte de résultats par objectifs, afin de renflouer une vie que vous gérez lamentablement.

✓ Une personne qui compensera les manques de votre personnalité.

Votre futur partenaire de vie peut posséder certaines des qualités décrites plus haut. En ce qui vous concerne, vous ne devriez pas répondre à ces critères ou du moins, très peu. Si vous avez surtout besoin de quelqu'un pour faire le ménage, mieux vaut engager quelqu'un dont c'est la spécialité. Dans le même ordre d'idées, s'il vous faut quelqu'un pour réparer la machine à laver ou la cuisinière, mieux vaut faire appel à un dépanneur. Bref, si certaines des descriptions mentionnées plus haut résument l'essentiel de ce que votre partenaire vous apporte dans le mariage, je puis affirmer que vous n'avez pas déniché la perle rare à laquelle vous vous attendiez.

Lorsque vous recherchez un compagnon ou une compagne de vie, souvenez-vous d'une chose : les personnes négatives ou nécessiteuses peuvent sérieusement perturber votre vie. N'essayez pas de fréquenter quelqu'un qui a plus de problèmes que vous. Vous n'avez certainement pas envie de sortir avec une personne qui traîne derrière elle plus d'impedimenta que n'en transporterait un Boeing 747. Vous finiriez par vous charger vous-même de cet excès de bagages. Les transporteurs aériens nous font payer très cher les excès de bagages ; la vie également. Ainsi, Mesdames, si vous sortez avec quelqu'un dont la mentalité est celle d'un tueur d'abattoir, ne vous attendez pas à avoir avec lui des conversations intellectuelles ou à ce qu'il vous emmène dans des endroits raffinés.

Dans une relation authentique, aucun des partenaires ne doit être nécessiteux ou dépendant. Chacun d'entre eux doit être éventuellement responsable de son propre bonheur. Chaque partenaire doit prendre soin de l'autre, mais aucun des deux ne doit se sentir obligé d'accompagner l'autre pas à pas, de manière obsessionnelle. Dans une relation intime et authentique, les deux membres du couple peuvent continuer à cultiver leur propre identité, à s'occuper de leurs intérêts, à poursuivre leurs objectifs et à avoir leurs amis. La relation se caractérise également par l'existence de valeurs, d'intérêts et d'amis communs, par une bonne communication et par des compromis réguliers. Si nous n'avons pas trouvé la perle rare, nous pouvons nous demander pourquoi nous avons manqué le coche. Ralph Waldo Emerson disait : « Le seul moyen d'avoir un ami est d'en être un soi-même. » Nous pourrions le paraphraser en disant : « Le seul moyen d'avoir un bon conjoint est d'en être un soi-même. »

> *Si les gens prenaient le temps de se connaître avant de se marier, le monde ne serait pas si horriblement surpeuplé.*
>
> — W. Somerset Maugham

Les gens extravagants causent plus de problèmes qu'ils n'en valent la peine

Si vous vous ennuyez et vous imaginez qu'en rencontrant quelqu'un de complètement déjanté vos problèmes se résoudront d'eux-mêmes, il importe de noter que certains céli-bataires extravagants risquent de vous apporter plus d'em-bêtements que vous n'en souhaiteriez. Les conjoints que l'on pourrait qualifier d'« excitants » peuvent être aussi des indi-vidus qui se lassent très vite des nouveautés. En effet, certains êtres qui semblent mener des existences excitantes sont constamment à la recherche d'aventures nouvelles. Le psychologue Marvin Zuckerman a découvert que même si une majorité d'hommes et de femmes n'aiment guère le change-ment pour le changement, il existe une minorité – qu'on appelle « les amateurs de sensations fortes » – qui carbure constamment à la nouveauté et à l'adrénaline.

Dans tout ce qu'ils entreprennent, ces amateurs de sensa-tions fortes sont obsédés par l'aventure et la diversité. Étant donné qu'ils mènent une existence passionnante, ils semblent vaccinés contre l'ennui, mais, paradoxalement, ces gens avides de sensations s'ennuient plus facilement que le reste de la population, car, pour eux, la vie quotidienne devient vite prévisible et assommante.

Zuckerman a classé les amateurs de sensations fortes en quatre groupes. Dans le premier, on retrouve les amateurs d'activités et de sports dominés par la vitesse et le danger. Dans le deuxième, on trouve les individus qui cherchent de nouvelles expériences dans les stupéfiants, l'alcool, les voyages peu communs ou les vêtements dernier cri. Le troisième groupe, celui des partouzards, trouve son plaisir dans les beuveries, les jeux de hasard, les pratiques sexuelles bizarres et la débauche. Les membres du quatrième groupe sont les plus difficiles à satisfaire parce qu'ils ne peuvent aucunement tolérer les personnes prévisibles et le train-train de la vie quotidienne.

> *Plus d'un homme est devenu amoureux d'une fille sous un éclairage si faible qu'il n'aurait jamais osé choisir un costume dans de telles conditions.*
>
> — Maurice Chevalier

Les amateurs d'émotions fortes prennent de gros risques. Ils peuvent avoir beaucoup de difficulté à trouver un sens et un objectif dans la vie de tous les jours. Ces risque-tout sont généralement impulsifs et sans complexes. Ils préfèrent des amis dont le mode de vie sort de l'ordinaire et, au lieu des sports traditionnels, adorent des activités comme le parachutisme en chute libre et l'alpinisme. Cette dépendance à la stimulation dite « extrême » peut également pousser ces amateurs d'adrénaline à devenir des joueurs compulsifs, des toxicomanes ou criminels.

S'engager dans une relation – surtout à long terme – avec ce genre de personne casse-cou pour chasser l'ennui peut se révéler particulièrement dangereux. Une relation entre un amateur de sensations fortes et un être plus pondéré durera beaucoup moins longtemps qu'une relation conventionnelle. Une personne bien équilibrée, qui tolère le train-train quotidien, devient à la longue très lassante pour un conjoint qui recherche sans cesse de nouvelles émotions et à qui il faut sans cesse du nouveau et des choses sensationnelles ou excitantes. La plupart des relations suivies ennuient royalement les amateurs de sensations fortes, ce qui peut les pousser à entretenir des liaisons. Le seul moyen de s'entendre – du moins temporairement – avec un spécimen de ce genre est d'en être un soi-même.

Le syndrome du rejet

La plupart des célibataires qui cherchent à établir une relation risquent parfois de se faire éconduire. Il y aura toujours des risques à courir dans le domaine amoureux. La peur du rejet peut paralyser certaines gens à un point tel qu'elles renoncent à tenter leur chance avec quelqu'un d'autre par peur de se faire rejeter ; ce risque en pousse d'ailleurs plusieurs à abandonner toute tentative de ce genre.

En évoquant les rejets dont ils sont victimes, beaucoup sont tentés de tout envoyer paître et de les considérer comme une sorte de cancer en phase terminale. Cette crainte d'être rejeté va de pair avec la piètre estime qu'on peut avoir de soi-même. Ceux qui en sont victimes croient que lorsqu'on se fait rejeter, il s'agit là d'un échec sans retour, d'un état véritablement incurable.

Il n'y a rien de mal à considérer un rejet comme un échec, à condition d'envisager ce dernier comme une expérience positive. Dans la vie, les échecs – aussi nombreux soient-ils – sont préalablement nécessaires à la réussite. Envisagé dans une perspective positive, l'échec est une expérience qui nous transforme. Les gens qui ont réussi savent combien il est important de pouvoir gérer et célébrer un échec parce que leurs projets les plus importants dans la vie ont nécessité une ribambelle d'échecs avant de réussir[27]. Pour eux, les échecs ne sont rien de plus (ou de moins) que de grands pas sur la route du succès et des honneurs. Comme le disait Saint-Exupéry : « Les échecs fortifient les forts ».

Demander un rendez-vous à quelqu'un donne l'occasion de connaître une personne merveilleuse, mais aussi de se faire rejeter par quelqu'un de non moins merveilleux. Les célibataires qui veulent en rencontrer d'autres doivent accepter le risque d'être éconduit. S'ils ont peur de se ramasser un râteau, ils diminuent leurs chances de rencontrer quelqu'un. Dans tous les aspects de l'existence, la capacité de prendre des risques est importante. Que l'on se présente à une élection, que l'on postule un emploi, que l'on investisse dans une affaire, que l'on ait à confronter un ami sur une question controversée ou que l'on donne rendez-vous à quelqu'un, il y a toujours un risque d'échec. Même lorsque les célibataires se rencontrent et s'engagent dans une relation, le tout peut fort bien se solder par un fiasco, surtout quand on connaît la précarité des relations sentimentales.

> *Je lui ai donné une bague et elle m'a donné le doigt.*
> — Chanson du folklore américain

Danielle Steele, auteur de nombreux best-sellers, a échoué lamentablement en se mariant très jeune. Le premier ouvrage de cette championne du roman de gare s'intitulait d'ailleurs : « Toute femme tombe amoureuse d'un salopard au moins une fois sans sa vie ». Son premier mari fut arrêté pour hold-up et, plus tard, pour viol. Son second, Danny Zugelder, fut condamné à quarante ans de prison. Bill Toth, son troisième, est un chômeur toxicomane qui s'est fait coincer pour de menus larcins commis pour financer sa fâcheuse habitude. On dit que son quatrième mariage avec John Traina se porte le mieux du monde.

> *Si le téléphone ne sonne pas, c'est que c'est moi.*
> — Chanson de Jimmy Buffet

Chaque fois que vous vous révélez aux autres, vous courez le risque de réussir comme de vous planter de belle manière. Il faut prendre ce risque, surtout si vous êtes à la recherche d'amis, de connaissances ou d'un conjoint potentiel. Certains rendez-vous vous raviront tandis que d'autres seront déce-

---

27. Comme certains professeurs ayant le sens de l'humour l'enseignent dans les cours de vente aux HEC, on peut dire que : a) le mot « non » n'a jamais constitué une réponse valable ; b) les statistiques démontrent que le taux de mortalité au travail des représentants tentant de conclure une affaire mais n'y parvenant pas est très précisément de 0 %. (N.d.T.)

vants. On peut vous rejeter à n'importe quel stade d'une relation. Le cas échéant, mettez la faute sur le compte de la personne qui n'a probablement rien compris de vous. Quelques rejets ne représentent après tout que des jalons vers un consentement. Ne prenez surtout pas les rejets personnellement, car nous sommes tous appelés à en subir.

Bien que le rejet puisse être gênant, pénible et inopportun, ce n'est pas la fin du monde. Il fonctionne dans les deux sens : les autres ont le droit de vous rejeter comme vous avez le droit de les rejeter vous-même. Si vous éconduisez quelqu'un, cela aura potentiellement le même effet sur cette personne qu'un refus pourrait avoir sur vous. Je dis « potentiellement », car les gens bien équilibrés ne se sentiront pas rejetés pour quelques rebuffades essuyées ici et là. Ce n'est pas le refus qui nous cause des dommages émotionnels, mais la façon dont nous réagissons aux événements. Il nous appartient de choisir l'effet qu'une exclusion aura éventuellement sur nous.

LES AVANTAGES DU CÉLIBAT

✓ Pas besoin de cacher vos vieilles lettres d'amour.

✓ Vous pouvez ouvrir et fermer les fenêtres sans que qui que ce soit ne s'objecte.

Tout comme les échecs sont souvent nécessaires pour réussir toute chose de quelque importance – et il en faut beaucoup ! –, les rejets sont, eux aussi, nécessaires pour se faire accepter par quelqu'un d'important. Nombre de gens ont été rejetés des dizaines, sinon des centaines de fois avant de pouvoir établir les relations qu'ils ont actuellement. Il est impossible d'éviter d'être rejeté si l'on veut avoir une chance de rencontrer l'âme sœur ou le bon partenaire.

Si vous avez fait récemment chou blanc, souvenez-vous de cette phrase de Winston Churchill : « N'abandonnez jamais, jamais, jamais, jamais. » Le rejet fait partie du jeu de la séduction. Nous nous faisons tous rejeter un jour si nous choisissons de jouer le jeu. N'oubliez pas que vous cherchez une personne en particulier et non dix ou vingt. Avec six milliards d'habitants sur la Planète bleue, cela fait beaucoup de gens à rencontrer !

Être intéressant, c'est s'intéresser aux autres

Si vous désirez rencontrer quelqu'un pour une relation à long terme, il importe de faire de nouvelles connaissances. Il est possible d'accroître vos chances de rencontrer le partenaire idéal. Attendre et faire preuve de patience en attendant ce jour est certes sage, mais on ne peut se contenter de rester chez soi. Il faut sortir, attendre et se montrer patient, mais en compagnie des autres. Provoquez les événements en vous extériorisant et permettez aux gens de connaître votre véritable personnalité.

Lorsque vous remarquez quelqu'un qui vous intéresse, apprenez à donner un peu de vous-même. Montrez-vous intéressé plutôt qu'intéressant. En montrant de l'intérêt envers une personne, vous la valorisez. En revanche, si vous appliquez toute votre énergie à vous montrer intéressant, vous finirez par faire ce que fait tout le monde : tenter de se distinguer. Le problème est qu'effectivement la majorité des gens essaient de se faire remarquer et se demandent pourquoi on les trouve aussi insipides. Au lieu de cela, si vous approchez quelqu'un et lui manifestez votre intérêt, vous devenez immédiatement un être spécial. En d'autres mots, le meilleur moyen d'intéresser les autres est de s'intéresser à eux. Vous devez prendre le risque en faisant les premiers pas. Communiquez votre intérêt et vous finirez par devenir intéressant, car vous créez la possibilité d'échanger des idées, des sympathies et des antipathies communes, des valeurs et des sentiments.

> *Donnez ce que vous avez. Pour quelqu'un, cela peut représenter quelque chose de beaucoup mieux que vous ne pouvez l'imaginer.*
>
> — Henry Wadsworth Longfellow

Si rien n'arrive dans votre vie et que cela vous déçoit, ce n'est certainement pas une raison pour rester à la maison et regarder la télévision en attendant que quelqu'un vienne vous découvrir. Attendre que l'on vous découvre n'est qu'une vue de l'esprit. Si vous préférez rester chez vous le samedi soir et regarder la télé, cela ne fera rien de plus pour vous que d'abaisser votre quotient intellectuel et vous faire prendre du poids. Dans de telles conditions, ne vous plaignez pas de n'avoir personne dans votre vie. Il vous faut acquitter le prix des rencontres en faisant preuve de courage et en déployant des efforts. Cela ne devrait pas vous surprendre puisqu'il n'existe pas de substitut à l'effort conscient. L'être de vos rêves ne risque pas de se présenter à votre porte pour demander à vous voir.

Les jolies femmes comme les hommes séduisants ne peuvent, eux non plus, se permettre d'attendre qu'on les découvre. Nombreux sont ceux et celles qui ne se font jamais inviter. Dans un article du *Vancouver Province* du 5 février 1995, j'ai remarqué que deux chroniqueuses signalaient le cas de Joan Lumsden, coanimatrice de la célèbre émission *Good Morning America*. Cette dernière se plaignait que, depuis qu'elle avait divorcé de son mari Michael Krauss, elle avait du mal à trouver un nouveau compagnon de vie. « Voilà trois ans que j'ai déménagé, expliquait-elle, et je n'ai pu sortir que quelques rares fois et encore, avec des hommes que je n'avais pas choisis… » Elle semblait imputer sa piètre vie sentimentale au fait que les hommes sont intimidés par les jolies femmes. Elle soulignait d'ailleurs que plusieurs de ses amies – des beautés notoires – éprouvaient les mêmes difficultés. Sans prétendre tout de même qu'elle menait une vie de Cendrillon, elle ajoutait : « Je n'irais pas jusqu'à dire que ma vie est inintéressante, mais j'aimerais tout de même la partager avec quelqu'un. »

> *Il y a une différence entre beauté et charme. Une femme est jolie lorsqu'on la remarque. Une femme est charmante lorsqu'elle me remarque.*
>
> – John Erskine

Peu importe combien elles peuvent être avantagées par la nature, si elles ne sont pas sollicitées comme elles le souhaiteraient, les femmes ne devraient pas se gêner pour demander aux hommes de sortir avec elles. Je trouve que beaucoup de femmes qui se disent libérées font bien des compromis dans ce domaine. Elles veulent sans doute parler d'une libération sélective qui les avantage sous certains aspects, mais ne les dérange guère autrement. Malgré tous les livres qu'elles ont pu lire sur les femmes libérées, elles attendent toujours le Prince charmant qui viendra les sauver sur son blanc destrier. Je dis à mes amies que si elles étaient vraiment libérées et si elles se tenaient en haute estime, elles ne devraient avoir aucun complexe à demander aux hommes de sortir avec elles. Il est certain que, de temps à autre, elles essuieront un refus, même si elles sont très belles. Il est à peu près temps d'ailleurs qu'elles sachent le courage qu'il faut aux hommes pour demander un rendez-vous et gérer les rejets subis.

Les femmes ne devraient pas seulement demander des rendez-vous aux hommes, mais assumer aussi les frais afférents. Je déteste les « féminardes » dominatrices, mais cela n'empêche pas que des femmes m'aient invité pour une sortie et que j'aie souvent accepté. Voici l'exemple d'une invitation lancée par l'une d'elles.

« La prochaine fois que vous serez à Vancouver, n'hésitez pas à m'appeler. Peut-être pourrai-je vous inviter à prendre un café, à dîner, à prendre un verre ou autre chose. J'ai hâte d'avoir de vos nouvelles. »

Il s'agit du dernier paragraphe d'une lettre écrite par la femme qui a tout laissé tomber pour prendre un congé sabbatique et dont j'ai parlé précédemment. J'ai trouvé que cette invitation reflétait une personnalité sûre d'elle-même mais non point écrasante. Étant donné qu'elle s'intéressait à moi, je la trouvais évidemment intéressante.

Lorsque vous rencontrez des gens, la clé du succès est de ne pas vous désespérer. Plus vous recherchez désespérément le respect et l'affection, et moins vous risquez de les obtenir. Dans cet état d'esprit, la recherche du conjoint de vos rêves se trouve placée sous de bien mauvais auspices. Si vous cherchez à établir des relations à tout prix, il y a de fortes chances pour que vous tombiez sur des prédateurs ou des prédatrices pour qui les indigents affectifs représentent une proie toute désignée.

> *La différence principale entre les hommes et les femmes est que les hommes sont des cinglés et les femmes des idiotes.*
> — Rebecca West

Si vous faites partie des célibataires heureux, vous refléterez une assurance certaine qui attirera d'autres personnes aussi heureuses et sûres d'elles-mêmes que vous l'êtes. Ce sont certainement là des qualités que vous recherchez chez le ou la partenaire que vous désirez rencontrer.

Il est très important de ne pas donner l'impression d'être en mal d'affection ou de montrer tous les signes du désespoir, car vous pouvez vous trahir, même si vous n'en êtes pas rendu à ce stade. Voici un exemple personnel. Une dame, fort intéressante par ailleurs, me demanda lors de notre première sortie au restaurant quels étaient mes projets matrimoniaux, et ce, avant même que le garçon ait pris notre commande ! Je me suis immédiatement demandé si je ne venais pas de gaspiller une belle poignée de dollars... Dans un cas similaire où c'était la dame qui m'invitait, je me suis demandé si je ne venais pas tout simplement de perdre deux heures de mon précieux temps. Dîner avec quelqu'un qui semble vouloir se marier à tout prix ne me plaît guère. On me dit que je ne devrais pas me surprendre de cette situation : une étude récente a prouvé que 42 pour cent des femmes parlent mariage et progéniture dès le premier rendez-vous. En ce qui me concerne, si tel est le cas, je suis à l'affût des autres signes révélateurs d'une chasse au mari menée avec l'énergie du désespoir. Pour ma part, je préfère sortir avec les 58 pour cent de femmes qui semblent moins avides de se précipiter toutes affaires cessantes à l'autel ou chez le fonctionnaire de l'état civil.

Apprenez à vous détendre, prenez plaisir à rencontrer les autres et soyez vous-même. La plupart des célibataires apprécient davantage leur état lorsqu'ils ne recherchent pas activement ou désespérément quelqu'un. Rarement rencontre-t-on l'être rêvé au moment où nous pensons que cela va se produire. Nombre de personnes déclarent avoir rencontré leur conjoint lorsqu'elles s'y attendaient le moins et, surtout, lorsqu'elles ne le recherchaient pas avec l'énergie du désespoir.

Si l'on désire rencontrer d'autres célibataires, l'attirance physique est importante. Nous recherchons tous des partenaires éventuels dont le physique est attirant, mais à différents titres. Ainsi, il ne faut pas négliger votre apparence, car c'est justement le jour où vous aurez l'air d'un concurrent au titre de punk de l'année ou à celui de « Miss Craignos » que vous tomberez sur cet être adorable qui ne demande qu'à s'entretenir avec vous. Si cette personne pense que votre manteau noir douteux a été taillé dans les housses d'une Peugeot 1983 envoyée à la casse, il y a de fortes chances pour qu'elle abrège la conversation.

> *J'en ai assez de tous ces aigris qui affirment que la beauté d'une femme ne se situe qu'à fleur de peau. Cela me suffit. Que veulent-ils donc ? Un adorable pancréas ?*
>
> — Jean Kerr

S'habiller convenablement est important, mais n'en faites pas trop ! Être esclave des petits comiques de la mode donne à croire aux gens qu'il y a en vous une prépondérance d'éléments superficiels. Vous aurez également l'air de vous accrocher désespérément ou encore d'avoir des moyens que vous n'avez pas. Une chose est certaine : pour la plupart des gens, votre apparence et votre habillement ont leur importance. Même si des partenaires potentiels et bien intentionnés recherchent chez vous autre chose qu'une simple image, il importe de ne pas négliger celle qu'on projette.

La confiance en soi est extrêmement importante. Vous n'avez pas envie de vous promener dans la nature en ayant l'air d'avoir pris tous les cours disponibles sur l'art d'être dysfonctionnel. Vous attirerez davantage les gens s'ils sentent que vous avez confiance en vous et que vous agissez naturellement. Évitez de porter un masque. Le Mardi gras et l'Halloween sont des fêtes d'enfants et ne devraient être célébrées qu'une fois l'an. Essayer d'impressionner les gens en faisant semblant d'être quelqu'un d'autre peut provoquer un retour de flammes. On vous l'a déjà dit mais on ne le répétera jamais assez : le meilleur moyen d'impressionner une personne sérieuse est de ne pas essayer de l'impressionner.

> *Un homme qui avait connu 300 femmes m'a choisie pour vivre avec lui. Pourquoi ? Parce que j'étais la seule qui n'avait pas de chat.*
>
> — Elaine Boosler

Comment ennuyer mortellement les autres et les faire fuir

Lorsqu'on rencontre de nouvelles personnes, on n'a guère d'autre choix que de se montrer charismatique, car les premières impressions sont importantes. Ennuyer les gens au premier abord augure plutôt mal pour toute rencontre ultérieure. Un article paru en novembre 1988 dans le magazine *Personality and Social Psychology* cite deux chercheurs, Mack Leary, assistant professeur de psychologie à l'Université Wake Forest, et Harry Reis, professeur de psychologie à l'Université de Rochester, New York, qui ont établi un « index d'ennui » pour déterminer les comportements censés être les plus ennuyeux. Il en existe plusieurs, dont essayer d'être drôle pour impressionner les autres, partir sur des tangentes, parler de sujets insignifiants ou superficiels, utiliser l'argot et les vulgarités de manière immodérée, se plaindre, essayer d'être gentil à tout prix pour qu'on vous aime ou encore ne faire preuve d'aucun intérêt pour les autres.

Tous ces comportements ont tendance à raser la plupart des gens, mais certains sont plus ennuyeux que d'autres. Ainsi, Reis et Leary ont découvert que les comportements les plus ennuyeux consistaient à parler d'insignifiances et de choses superficielles, et à ne manifester d'intérêt pour personne. Les comportements les moins ennuyeux sont ceux des gens qui se forcent pour être gentils ou drôles. Les geignards et les amateurs de grossièretés sont plus rasants que ceux qui affectionnent un peu trop l'argot ou essaient d'être trop gentils.

Vous diminuez vos chances d'obtenir des rendez-vous si vous vous montrez sous un jour ennuyeux, si vous faites des choses tordues ou si vous vous conduisez envers les autres de manière discutable. Voici quelques traits de caractère et certains comportements qui peuvent pousser les gens à vous classer comme peu fréquentables.

POURQUOI VOUS NE RISQUEZ GUÈRE DE FAIRE DES RENCONTRES INTÉRESSANTES

✓ Votre notion d'une soirée réussie est de passer une heure ou deux à parler de votre cheval en descendant quelques canettes de bière bon marché.

✓ Vous avec plus d'une photo ou plus d'un buste d'un politicien d'extrême droite dans votre salon.

✓ L'idée que vous faites d'un logement luxueux est de dormir sur le siège arrière d'une Mercedes abandonnée.

✓ Vous ne comprenez pas pourquoi un fier-à-bras gros modèle, au front bas et aux yeux rapprochés, peut faire partie d'un comité de défense des machos.

✓ Vous appartenez à un club de gymnastique dont la moitié des membres sont propriétaires d'un pitbull et dont l'autre moitié rêve de posséder un tel chien.

✓ Vous aimez davantage votre voiture, votre chien, votre chat ou votre serpent que vous n'aimerez jamais votre conjoint.

✓ L'idée que vous vous faites d'un samedi soir endiablé est de faire un tour d'autobus en ville et de traîner un moment aux alentours de la laverie automatique.

✓ Sur votre t-shirt, on peut lire des slogans intellectuels du genre : « Mes trois passions sont le sexe, la télé et la bière. »

✓ Vous conduisez avec plus d'un pneu à plat.

✓ Vous en êtes à votre troisième divorce et venez d'avoir 25 ans.

✓ Votre voiture est si pourrie que vous pouvez polluer sans effort en balançant vos canettes de bière dans le décor sans même avoir à ouvrir les fenêtres.

✓ Peu importe lequel de vos trois chandails vous portez, il y a toujours quelqu'un pour vous faire remarquer : « Combien de temps faudra-t-il que tu portes ce truc avant de gagner le pari ?»

✓ Pour vous, un repas gastronomique est un plat préparé réchauffé au micro-ondes arrosé de deux ou trois canettes de bière bon marché.

✓ Votre activité favorite est de fréquenter des cabarets après leur fermeture pour participer à des nuits de fétichisme ou d'activités sado-maso au cours desquelles vous administrez publiquement des fessées.

✓ Vous dites « merde », « putain » ou d'autres mots du genre plus de quatre fois dans une phrase simple du genre sujet-verbe-complément.

✓ Vous vous vantez d'avoir fait des études supérieures parce que vous avez triplé votre quatrième au secondaire.

> *Sa mère aurait dû l'abandonner et ne conserver que la cigogne.*
>
> — Mae West

Votre image peut souffrir si n'importe laquelle des phrases ci-dessus s'applique à votre cas. Que vous soyez un sujet ennuyeux ou un peu populaire candidat à fréquenter dépend de ce que les gens diront de vous. Voici un bon moyen pour dire si vous êtes vraiment ce que certains prétendent. Si vous rencontrez 20 personnes dans la journée et que l'une d'elles vous traite de cheval, ne vous faites aucun mauvais sang. Si, sur ces 20 personnes, deux d'entre elles vous traitent de cheval, ne vous en faites toujours pas, mais si 17 personnes sur 20 sont persuadées que vous êtes un cheval, galopez vous chercher une selle et un ballot de foin ou bien cessez d'être un cheval.

Si vous avez un charisme négatif mais que vous êtes le boute-en-train de la fête, il faut que vous fassiez quelque chose au sujet de votre personnalité. Il y a un prix à payer pour corriger vos carences. Les psychologues confirment que les gens charismatiques ne possèdent pas de charisme inné, mais que ce charme qui attire les autres comme un aimant et les dynamise est quelque chose qui s'acquiert. Il faut que vous cultiviez un rayonnement intérieur et que vous projetiez l'amour de la vie lorsque vous vous trouvez avec les autres. Le charisme se manifeste lorsqu'on a une haute estime de soi, et il se reflète dans votre énergie positive et votre joie de vivre.

> *Si vous avez le choix entre l'argent et le sex-appeal, prenez l'argent. En vieillissant vous constaterez que l'argent remplace le sex-appeal.*
>
> — Katharine Hepburn

Pour casser la glace

Dans ses mémoires, Elizabeth Taylor mentionne sa première rencontre avec Richard Burton sur le plateau de *Cléopâtre*, à Rome, en 1962. Elle raconte l'événement en ces termes. « Il s'est glissé vers moi et m'a dit : " Personne ne vous a jamais dit que vous étiez une très jolie femme ? " Je me suis alors dit : " Grands dieux ! Qui aurait cru que ce grand amoureux, ce shakespearien plein d'esprit, cet intellectuel gallois pourrait me débiter de telles fadaises... " » Malgré cette entrée en matière plutôt décevante, la chimie se fit entre ces deux acteurs puisqu'ils se marièrent deux fois plutôt qu'une.

Lorsqu'on essaie de faire la connaissance de quelqu'un, quelles sont les entrées en matière susceptibles de fonctionner le mieux ? Tout dépend de la personne. Le journal universitaire *Sex Roles* cite une étude datant de 1986 au cours de laquelle les chercheurs tentaient de comparer les phrases que les hommes et les femmes utilisent pour rencontrer des personnes du sexe opposé. Ces phrases ont été classées en trois catégories : les gentillettes, les

LES AVANTAGES DU CÉLIBAT

✓ Vos vêtements les plus chers ne risquent pas d'être javellisés ou de rétrécir au séchage lorsqu'il (ou elle) se met en tête de vous aider à faire la lessive.

inoffensives et les directes. L'étude a démontré que les entrées en matière gentillettes mais désinvoltes étaient celles qui étaient les moins appréciées, surtout par les femmes. Des phrases plus banales comme : « Que pensez-vous de l'orchestre ? » sont préférables à celles du genre : « Vous vous demandez sans doute ce qu'un bon garçon dans mon genre fabrique dans un endroit pareil ? » Mais il y a pire, comme : « Ce sont vraiment vos cheveux ? », ou encore « Vous me rappelez quelqu'un avec qui je sortais... »

Les meilleures entrées en matière sont soit des compliments, soit des questions sincères. Des compliments du genre : « Je pense que cet ensemble vous va très bien » et des questions comme : « Êtes-vous déjà venu(e) ici ? » sont efficaces, car cela appelle une réaction. La manière dont vous brisez la glace est aussi importante que ce que vous dites. Le ton de votre voix indiquera également si vous flirtez dans une intention d'ordre sexuel ou si vous vous contentez de faire les frais de la conversation jusqu'à ce quelqu'un de plus intéressant se pointe à l'horizon.

> *Comment se faire remarquer dans une librairie :*
> *Avez-vous un exemplaire de « Magouilles fiscales pour milliardaires » ?*
> — D'après David Letterman

Toute entrée en matière porte en elle le risque de se faire rembarrer. Si vous aimez le risque et voulez utiliser le genre gentillet plein d'impertinence, voici quelques phrases types (destinées principalement aux femmes). Si certaines de celles-ci sont efficaces, faites-le-moi savoir : je les utiliserai à l'occasion !

✓ Je crois que j'ai perdu mon numéro de téléphone. Puis-je emprunter le vôtre ?

✓ Vous devez être fatiguée, car vous n'avez cessé de me travailler le système aujourd'hui...

✓ Je ne danse pas, mais j'aimerais bien vous tenir pendant que vous dansez.

✓ La Marie, t'as une belle peau, aussi douce qu'le museau d'mon chiot. (Chanson popularisée par Ricet-Barriet)

✓ Ma cousine a la même robe que vous, mais elle ne la porte pas parce qu'elle craint d'avoir l'air ridicule à côté de vous.

✓ Voulez-vous venir chez moi pour admirer ma collection de géodes (ou mes estampes japonaises) ?

✓ Excusez-moi, mais je pense que nous ne nous sommes pas encore présentés. Je suis l'homme de vos rêves !

✓ Voyons-nous plus tard. Nous pouvons faire des choses auxquelles le roi et la reine n'ont même pas pensé.

Cette amorce de conversation est cruciale dans le processus qui consiste à faire la cour à quelqu'un, mais ce pourrait bien être le dernier, car, dès les premiers stades, il importe de se montrer patient. Le meilleur moyen d'indisposer l'autre personne est de faire preuve d'agressivité. Trop parler, faire preuve d'une familiarité excessive et avoir l'air désespéré dans sa fringale de conquêtes risque de ne donner que des résultats négatifs. Voilà pourquoi il est important d'être détendu et sincère.

Briser la glace n'appartient pas qu'aux hommes. Contrairement à la croyance populaire, dans la plupart des sociétés occidentales – y compris celle d'Amérique du Nord –, c'est la femme qui, dans 50 pour cent des cas, prend l'initiative. En fait, 67 pour cent des Nord-Américaines amorcent la conversation par des blagues, des compliments ou des questions. Les hommes ne sont pas aussi sensibles aux signaux verbaux et non verbaux que les femmes utilisent dans le flirt et ils y réagissent moins rapidement. Les spécialistes qui ont étudié ces signes soutiennent que si les hommes étaient capables de mieux les interpréter, moins d'entre eux seraient en mal de compagnie.

À la recherche du type solide et abrasif

Tout comme la beauté et le charme, l'argent et le niveau de vie jouent un rôle important dans le processus de la séduction. On s'imagine volontiers qu'avec l'ascension sociale des femmes et la place prépondérante qu'elles occupent dans les échelons supérieurs de la société, de moins en moins d'entre elles se soucient de la situation ou du niveau social des hommes. Rien n'est plus faut ! Des études ont démontré que

De nos jours, le gadget le plus efficace pour s'éviter du travail est encore un mari plein de fric.

— Joey Adams

quelle que soit leur situation, les femmes plus que les hommes ont toujours tendance à insister sur les capacités matérielles de leur éventuel partenaire. Certains psychologues prétendent que cette tendance est génétique.

Dans une étude remontant à 1989, menée par David Buss, on relève que dans 37 types de culture, les femmes accordent une importance très grande à la situation du mari ou à son rang dans la société. Si, dans le choix d'une partenaire, les hommes ont tendance à choisir une compagne saine et en bonne santé, les femmes sont pour leur part plus pragmatiques.

Dans une étude datant de 1995, le professeur de psychologie Robert Cramer, de l'Université de l'État de Californie à San Bernardino, a découvert que si les hommes choisissaient une femme pour son charme, sa jeunesse, sa santé et ses réactions aux stimuli d'ordre sexuel, les femmes choisissaient un compagnon en fonction de son intelligence, de sa motivation, de son honnêteté et de ses capacités financières. Cette étude semble justifier les plaintes des femmes qui affirment que les hommes tiennent à avoir des épouses jeunes et jolies, et les remarques désabusées des hommes qui affirment que l'argent est ce qui attire avant tout les femmes. On se demandera pourquoi les hommes favorisent les compagnes jolies et en bonne santé et les femmes, des hommes dont les assises financières sont solides. Certains béhavioristes comme le professeur Cramer ont pour théorie que les deux comportements s'expliquent par les besoins biologiques que sont la reproduction et la survie de l'espèce.

En regardant les petites annonces pour cœurs esseulés, je trouve intéressant de voir à quel point les femmes recherchent des hommes appartenant à des professions libérales, doués, durs à la tâche, avec « situation en rapport ». En d'autres termes, celui qui occupe un emploi mal payé et sans prestige a intérêt à ne pas répondre. Je me suis souvent demandé dans quelle catégorie de telles exigences me placent. Pensez donc ! Un conférencier qui ne travaille que quatre ou cinq heures par jour et qui écrit des livres sur l'art de ne pas travailler et de prendre la vie du bon côté. Vous avez maintenant compris pourquoi je suis toujours célibataire !

Certains hommes aiment se servir de leur pouvoir et de leur argent lorsqu'ils recherchent une partenaire. Il y a toujours de nombreuses femmes qui se brancheront instantanément sur un prétendu dentiste qui leur offre la sécurité, un rang dans la société et un niveau de vie agréable. Cependant, elles n'hésiteront pas à l'envoyer

Je ne demande que trois choses à un homme : être beau, impitoyable et stupide.

— Dorothy Parker

promener s'il leur avoue qu'il travaille comme journalier au salaire minimum. Lorsqu'on les évalue en fonction de leur situation et de leurs moyens, certains hommes se sentent déshumanisés. Pourtant, il est courant que les femmes – même celles qui gagnent très bien leur vie – se basent sur de tels critères. Tout comme certaines femmes se sentent considérées comme de simples objets sexuels, bien des hommes se sentent ainsi rabaissés au rang d'un ticket de restaurant ou d'une machine à éponger les dettes.

Les considérations économiques font partie du processus de séduction menant au mariage. Chacun d'entre nous tient compte de la situation de l'autre, du moins à un certain degré. Toutefois, lorsque je donne rendez-vous à une femme, je me rappelle toujours les commentaires de Leslie Parish et de Richard Bach dans le livre *Bridge Across Forever*. Bach y raconte sa quête de l'âme sœur et comment Leslie Parish, qui n'était alors pour lui, qu'une simple copine, lui expliquait pourquoi il ne devait pas utiliser de moyens matériels pour tenter de s'attacher les femmes qu'il fréquentait. « Fais ce que tu veux, mais il ne faut pas s'imaginer qu'elles vont t'aimer parce que tu règles leur loyer ou que tu t'occupes de leurs repas. Le seul moyen d'être sûr qu'elles ne t'aimeront pas est de les rendre dépendantes, et je sais de quoi je parle. » Après l'avoir écoutée et avoir pensé aux femmes qu'il fréquentait et envers lesquelles il se montrait peu avare, Bach admit que Parish avait raison et répondit : « Qui a parlé d'amour ? Aucune d'elles ne m'aime, mais ça va très bien. Nous ne sommes, après tout, que des parasites mutuellement heureux. »

L'âge n'a aucune importance

Les célibataires devraient-ils prendre en considération l'âge de leur éventuel conjoint ? Les hommes insistent plus volontiers que les femmes sur ce point. Selon certains sociologues, la raison sous-jacente est que les hommes ont tendance à désirer inconsciemment que leur partenaire soit en

> *Il est absurde et exquis de tomber amoureux de quelqu'un de plus jeune que soi. Tout le monde devrait essayer ça.*
>
> — Barbara Pym

état de porter des enfants. Dans une étude datant de 1989, David Buss a découvert que dans 37 pays où il avait effectué des sondages, les hommes préféraient épouser quelqu'un de plus jeune qu'eux. Malgré la tendance qu'ont les hommes à épouser des femmes ayant de cinq à dix ans de moins qu'eux, la différence d'âge peut se révéler considérable aux deux bouts de l'échelle. Voici quelques exemples de différences d'âge importantes parmi des couples appartenant au monde du spectacle.

DES FEMMES DONT LES AMOUREUX ÉTAIENT PLUS JEUNES QU'ELLES

✓ Après être passé sur le plateau de l'émission télévisée de Dinah Shore, *Dinah's Place*, Burt Reynold, qui avait 19 ans de moins que l'animatrice, parvint à la convaincre de passer un week-end avec lui à Palm Springs. Une longue aventure romantique s'ensuivit. Lorsqu'elle prit fin, Reynolds confia que Dinah avait été le plus grand amour de sa vie.

✓ À l'âge de 46 ans, Cher, qui se fit connaître grâce au spectacle télévisé *Sonny & Cher*, eut une liaison torride avec Bob Camiletti, qui avait exactement la moitié de son âge. Elle voulut l'épouser à tout prix, mais il refusa en alléguant vouloir se retrouver.

✓ À 55 ans, la féministe Ayn Rand eut une liaison avec son protégé, Nathaniel Branden, qui avait 25 ans de moins qu'elle. Cette histoire d'amour dura 14 ans, jusqu'à ce que Branden la quitte pour une femme plus jeune.

DES HOMMES AVEC DES FEMMES PLUS JEUNES QU'EUX

✓ En 1954, alors âgé de 64 ans, Groucho Marx épousa un mannequin de 24 ans, Eden Hartford. Le mariage dura 15 ans.

✓ À 52 ans, Bill Wyman, un ancien Rolling Stone, épousa Mandy Smith, qui avait alors 18 ans. Le mariage ne dura que quelques mois mais il y eut des rebondissements imprévus puisqu'en 1993 Steven Wyman, le fils de Bill, qui avait alors 33 ans, se fiança à Patsy Smith, la mère de Mandy, qui en avait 46.

✓ À 54 ans, Charlie Chaplin se maria pour la quatrième fois avec Oona O'Neil, qui en avait 18. Chaplin l'avait rencontrée pendant qu'un de ses fils lui faisait la cour. Ce fut un heureux mariage et ils eurent huit enfants, dont le dernier vint au monde alors que Chaplin avait 73 ans et O'Neil, 37.

Selon une étude menée en 1995 par Statistiques Canada, les chances qu'un mariage dure sont plus grandes lorsque les femmes choisissent des hommes ayant de deux à dix ans de plus qu'elles. L'étude, qui portait sur six millions de couples mariés et divorcés, révèle que les couples accusant une légère différence d'âge risquaient moins de divorcer que ceux dont la différence était très marquée. On enregistrait le taux le plus bas parmi les couples où la femme avait six ans de moins que son mari. Les risques de divorce sont beaucoup plus grands lorsqu'une femme épouse un homme plus jeune et, dans le même ordre d'idées, le risque de divorce augmente considérablement chez les hommes dont l'épouse est beaucoup plus jeune qu'eux.

Malgré cela, qu'il s'agisse de fréquentations ou de mariage, beaucoup de gens s'inquiètent assez peu des différences d'âge. Dans l'étude de Statistiques Canada précédemment citée, on découvre qu'au Canada, un pays dont la population représente un dixième de celle des États-Unis, il existait au moins 14 femmes et 87 hommes dont les conjoints avaient plus de 70 ans de moins que ces personnes d'âge canonique.

> *J'aime les femmes plus jeunes que moi. Leurs histoires sont beaucoup plus courtes.*
> — Tom McGuane

Des associations spécialisées ont d'ailleurs vu le jour. C'est ainsi que Sandra Reishus, de Sacramento, en Californie, a eu l'idée de fonder le YMOW (*Younger Men, Older Women*), un club qui se fait fort de trouver de jeunes partenaires prêts à fréquenter des dames d'un certain âge et d'un âge certain. Elle est d'ailleurs en train d'écrire un livre sur le sujet. Les Américains de plus de 35 ans qui recherchent des jeunes femmes dans la vingtaine peuvent se procurer un livre sur ce sujet[28].

À l'heure où j'écris ces lignes, une de mes amies, qui est âgée de 22 ans, s'est mariée à un homme qui en a 47. Une

---

28. *How to Date Younger Women, For Men Over 35*, par Don Steele.

autre amie, qui a maintenant 32 ans, m'a confié qu'elle a vécu sa plus belle histoire d'amour alors qu'elle avait 19 ans et qu'elle sortait avec un homme qui en avait 39. Cette relation a duré cinq ans. Pour conclure, disons que la différence d'âge est une question purement personnelle entre votre partenaire et vous. Soulignons toutefois que les problèmes peuvent se trouver amplifiés dans les cas où l'écart des générations se manifeste nettement. Toutefois, certaines relations où la différence d'âge des partenaires accusait des écarts incroyables se sont révélées d'une durée surprenante. Tout dépend aussi dans quelle optique on envisage le succès d'une relation, car les mariages les plus longs ne sont pas forcément les plus heureux.

Qui se ressemble s'assemble. Enfin, parfois...

L'amour est aveugle, mais le mariage vous ouvre les yeux.

— Un sage anonyme

La plupart des sociologues et des anthropologues s'accordent pour dire que nous avons tendance à être attirés par des personnes qui nous ressemblent, par exemple celles qui appartiennent au même groupe socio-économique et ethnique que le nôtre, qui possèdent le même niveau de scolarisation, des caractéristiques physiques similaires, etc. On croit maximaliser ainsi les chances de bien s'entendre avec des gens qui nous ressemblent sur les plans culturel et pratico-pratique. La plupart des annonces mentionnent implicitement qu'hommes et femmes recherchent des partenaires manifestant les mêmes intérêts qu'eux.

Cette notion a toutefois ses limites. Je puis affirmer sans nul doute que la femme la plus intéressante avec laquelle j'ai entretenu une relation sérieuse était très différente de moi. Lorsque nous nous sommes rencontrés pour la première fois, je l'avais jugée trop intellectuelle et cultivée pour moi. Nous avions assez peu d'intérêts en commun et, alors que nous prenions un premier café ensemble, pensant ne plus jamais la revoir, je me hâtai d'en finir. Pourtant, quelques jours plus tard, comme j'étais à la recherche d'une partenaire de tennis, je la rappelai. Après quelques rendez-vous, je tombai amoureux d'une personne charmante, intellectuelle, athlétique, belle et indépendante. Elle m'apprit beaucoup de choses et réciproquement. En y pensant bien, ce fut mon amour le plus fantastique.

Certains sociologues sont persuadés que la compatibilité ne devrait pas forcément dépendre de nos intérêts et de nos valeurs communes. Des intérêts divergents peuvent en fait améliorer la compatibilité des membres d'un couple. Des personnes aux idées libérales peuvent entretenir les meilleures relations possibles avec des partenaires au tempérament plus traditionnel ; des hommes plutôt bohèmes peuvent être heureux avec des femmes méticuleuses et très organisées. Bien des couples heureux possèdent peu de choses en commun.

LES AVANTAGES DU CÉLIBAT

✓ Vous n'avez pas à donner d'explications pour vos retards.

✓ Vous pouvez soliloquer pendant des heures.

✓ Le silence est d'or.

Accorder une importance exagérée à une compatibilité fondée sur des intérêts communs et autres objectifs du genre est en soi limitatif. Deux personnes qui se fréquentent peuvent s'intéresser à de nouvelles choses en partageant celles qui ne font pas partie de leurs préoccupations habituelles. Une communication efficace et le respect réciproque sont probablement plus importants dans un couple que les intérêts que l'on peut avoir en commun. Il en va de même des convictions et des valeurs communes, comme le mode de vie et l'honnêteté. Mais le plus important est encore la compatibilité des valeurs morales avec les valeurs spirituelles.

Lorsque vous êtes à la recherche d'un partenaire, il importe en priorité que vous choisissiez une personne possédant un grand sens de l'humour. Selon une étude menée par le psychologue Bernard Murstein, du Connecticut College, l'humour dévoile les valeurs, les intérêts, l'intelligence, l'imagination et les besoins d'une personne. Si vous vous attachez à quelqu'un qui manifeste un sens inné de l'humour, il faudra que vous fassiez de sérieux efforts pour développer chez vous une telle faculté. Murstein a découvert que les femmes et les hommes qui partageaient un sens de l'humour similaire s'aimaient davantage et avaient plus de chances de mener ensemble une vie harmonieuse. S'ils se marient, il y a de fortes chances pour que leur union soit plus durable que les autres. On note que, dans les relations exceptionnelles, amour et humour sont des compagnons inséparables.

Amour ou attraction fatale ?

L'amour est magique et se présente sous bien des aspects. Trop magique, il peut prendre la forme d'une attraction fatale. Freud a déjà dit que l'amour était un état de psychose temporaire. Il faisait sans doute allusion à la toquade obsessionnelle qui caractérise bien des amoureux.

La toquade est caractérisée par un amour romantique que quelqu'un peut vivre avec une personne qu'elle ne connaît que superficiellement et depuis très peu de temps. Bien des personnes ont ainsi le béguin pour des individus plutôt mystérieux et inaccessibles qui sont en général mariés, charmeurs, ou qui vivent à l'étranger. L'intérêt de telles fréquentations réside dans la poursuite. La toquade est un état amoureux obsessionnel qui affecte les personnes de n'importe quel âge, mais qui se manifeste plus fréquemment chez les adolescents que chez les adultes. Les « accros affectifs » de tous les âges peuvent être victimes de tels béguins, ce qui les amène à vivre des aventures amoureuses courtes et cahoteuses.

L'amour est une grave maladie mentale.
— Platon

Les individus amateurs de passades peuvent vivre aussi bien des émotions exacerbées que de profondes déprimes. Ces sentiments vont de l'euphorie au désespoir. Le coup de foudre peut être dangereux. Il mène rarement au mariage ou à de longues relations interpersonnelles. La toquade est souvent fondée sur la beauté physique, le charisme, la jeunesse, la célébrité, la richesse ou les richesses matérielles.

Freud avait raison de dire que certains états amoureux romantiques s'apparentent à une psychose temporaire. Lorsque nous sommes sous l'emprise d'une toquade, l'émotion et la logique prennent le large, du moins pour un certain temps. Les émotions non contrôlées nous amènent à négliger les caractéristiques négatives de la personne, ce qui débouche sur une relation malsaine et impossible. Dès que nous sommes face à un échec, notre intellect reprend le dessus et nous nous demandons ce que nous avions trouvé de si extraordinaire chez la personne qui nous avait ensorcelé.

Vous pouvez fricoter ce que vous voulez dans votre chambre à coucher, tant que vous ne faites pas cela dans la rue et que vous n'effrayez pas les chevaux.
— Pat Campbell (comédienne londonienne)

Faire l'amour ou un bon pot-au-feu ?

Les pulsions sexuelles peuvent s'ajouter au dilemme, mais, pour certaines personnes, la sexualité ne présente qu'un intérêt restreint. Dans un sondage du magazine *Homemaker's*, on trouve par exemple que s'ils avaient l'occasion d'avoir des relations sexuelles, quelque 20 pour cent des gens aimeraient autant consommer un bon repas maison. En ce qui me concerne, tout dépendrait depuis combien de temps je n'ai pas mangé. Il faut se rappeler le rapport qui existe entre l'état général dans lequel on se trouve et notre propension à avoir des rapports sexuels – un fait attesté par des recherches. En effet, les gens en forme peuvent avoir davantage de rapports sexuels que les autres et de manière plus satisfaisante. Il se pourrait que les braves gens qui choisissent un bon pot-au-feu familial au lieu de se livrer à des ébats amoureux souffrent déjà d'embonpoint ou soient dans une forme lamentable.

Nombre de célibataires s'intéressent par contre à la sexualité et certains d'entre eux sont même obsédés par la question. Une étude récente révèle que 54 pour cent des hommes et 19 pour cent des femmes y pensent quotidiennement. Pour les amateurs, il existe une foule de publications dont certaines ont des titres racoleurs du genre *Comment faire l'amour en public sans se faire remarquer* ou *101 choses à ne pas dire pendant les relations sexuelles.*

Pour bien des célibataires en pleine forme qui choisiraient le lit plutôt que le pot-au-feu, le problème réside dans le manque d'occasions plutôt que dans le manque d'intérêt, d'énergie ou de savoir-faire. Si l'occasion se présente, le désir le plus animal leur suffit pour passer à l'acte. Les psychologues expliquent volontiers que la sexualité récréative, par exemple dans le but de battre des records, est l'apanage des individus insécurisés qui tentent de prouver leur virilité ou leur féminité ravageuse. Par exemple, on peut être persuadé que le fin du fin est de faire l'amour avec trois partenaires dans la même nuit ou encore, on peut préférer les brèves amours de rencontre du genre « clic-clac, merci Kodak ! ». Je n'ai aucun avis à donner à qui que ce soit sur cette question, car il s'agit là d'une décision purement personnelle. Toutefois, la plupart des gens s'entendent pour dire qu'il est beaucoup plus agréable de faire l'amour lorsqu'il existe un lien affectif entre les partenaires.

Vous réagissez comme quelqu'un qui n'aime que les amours de rencontre qui durent l'espace d'une nuit...

N'exagérons rien. Je ne suis jamais capable de tenir le coup toute une nuit...

Parfois, l'attirance purement sexuelle débouche sur des relations plus profondes et même sur le mariage. Signalons cependant que les relations strictement fondées sur l'attrait physique ne durent généralement pas. Nombre de jolies femmes et d'hommes séduisants qui parviennent *littéralement à hypnotiser* le sexe opposé grâce à leurs avantages physiques ne tardent pas à être rapidement largués par leur partenaire si l'attirance repose simplement sur une question d'apparence. Faire l'amour, c'est formidable, mais cela peut devenir ennuyeux et répétitif si on n'a rien à se dire après.

Les bars à drague : un véritable cirque

Voilà quelques années, je me trouvais un vendredi soir dans une boîte de nuit de San Francisco en compagnie d'une géorgienne prénommée Élaine. Alors que nous discutions, je remarquai que presque chaque client et cliente de cet établissement avait l'air de répéter le rôle de sa vie. Tout le monde copiait tout le monde sans que chacun sache vraiment qui il était. Je peux affirmer que tous ces gens avaient l'air aussi factices que des promesses de politiciens ou des baisses d'impôts. Cette ambiance d'Halloween, avec ces gens au sourire machinal et aux masques reflétant une gaieté bidon, commençait à me casser singulièrement les pieds lorsque Elaine me suggéra de lever le camp. Elle avait dû avoir la même idée que moi, car elle me déclara quelque chose du genre : « Ernie, c'est une bonne idée d'être venus ici. Cette ambiance bizarre me renforce dans mes convictions de ne visiter des lieux semblables qu'une fois tous les deux ans... »

La foire charnelle des bars pour célibataires peut vous convenir si vous aimez le cirque. Sachez toutefois que vos chances d'y rencontrer quelqu'un d'authentique sont plutôt minces. On ne peut vraiment se connaître que lorsqu'on partage des activités et qu'on se rencontre à plusieurs reprises. Le problème avec les bars à drague, c'est que tout le monde joue un personnage qu'il aimerait être ou encore celui d'un personnage qu'on croit plus attirant que celui que l'on est réellement. Si une personne qui joue la comédie vous attire, elle vous décevra lorsque vous la découvrirez derrière le masque, car ce ne sera rien de moins qu'une fausse représentation. Vous n'apprécierez guère une personne qui tente de se prendre pour autre chose que ce qu'elle est.

LES AVANTAGES DU CÉLIBAT

✓ **Vous n'avez pas à mentir en disant que vous êtes célibataire.**

✓ **Vous pouvez donner rendez-vous à trois personnes dans la même journée.**

L'un des désavantages des bars à drague et des soirées pour célibataires réside dans la pression qui existe pour amorcer des contacts et impressionner rapidement quelqu'un en déployant des mots d'esprit ou un charme artificiel. Dans de tels endroits, les gens sont parfois de bons acteurs, mais ils ne sont pas eux-mêmes. Lorsqu'on les rencontre dans un cadre moins superficiel, on réalise alors que l'on ne partage nullement les mêmes valeurs et les mêmes intérêts. La majorité des célibataires heureux sont d'avis que le meilleur moyen de rencontrer des gens est de participer à des activités qu'on apprécie réellement. Dans cet esprit, on ne perd pas de temps si, un jour donné, aucune âme sœur potentielle ne se présente.

Je ne rejette pas catégoriquement les boîtes pour célibataires. Certains couples heureux se sont rencontrés dans de tels établissements. Le hic, c'est que cela est plutôt rare. D'ailleurs, dans des cultures autres que la nôtre, rares, sinon inexistants, sont les cas où les gens ont fait connaissance dans des bars. Dans nos sociétés occidentales, les bars et autres

On ne prend pas de truites en pêchant dans une cague de harengs.

— Ann Landers (à propos des bars à drague)

boîtes sont des lieux de rencontres populaires favoris, mais les chances d'y développer des relations valables sont plutôt nulles.

Ne pas se fier au hasard

Si vous menez une vie bien remplie sur le plan de votre carrière ou de vos loisirs mais qu'elle laisse à désirer sur le plan affectif, où donc allez-vous trouver un partenaire qui réponde à vos attentes ? Dans le vaste monde, des millions de célibataires cherchent l'amour. Si les rencontres de type aléatoire vous tapent sur les nerfs, il ne faut pas vous décourager. Vous pouvez toujours avoir recours à une ou plusieurs agences de rencontres électroniques qui existent ici et là. Cela prend la forme d'échanges de photos, de cassettes vidéo ou de propos par courrier électronique et de petites annonces dans différents journaux et revues.

Les agences de rencontres par ordinateurs sont formidables... pour des ordinateurs !
— Rita Mae Brown

Les agences matrimoniales évoluent constamment. Au début de 1995, le magazine *The European* signalait que la succursale de Grace Bridal à Yokohama offrait le premier service de mariages par Internet aux célibataires japonais. Ces spécialistes des petites annonces électroniques trouvent non seulement des partenaires aux célibataires esseulés, mais vont jusqu'à faire enquête sur les antécédents, la situation, le signe astrologique et l'état de santé des personnes qu'ils vous présentent.

De nombreux célibataires ne sont pas prêts à confier leur vie sentimentale au hasard. Au lieu de laisser faire le destin, ces derniers recourent à des agences de rencontres, car ils estiment qu'il s'agit là d'une manière plus scientifique de tirer le bon numéro. Autrefois, ces établissements avaient beaucoup moins bonne presse que de nos jours. Les personnes qui les utilisent sont fières de souligner qu'elles offrent les avantages suivants :

✓ Toutes les personnes qui s'y inscrivent le font pour une même raison : rencontrer quelqu'un.

✓ Avec l'allongement des journées de travail, les gens ont moins d'occasions de se rencontrer.

✓ De plus en plus de gens travaillent à domicile et n'ont pas la possibilité de rencontrer quelqu'un au travail.

✓ Avec l'urbanisation et la disparition du sentiment d'ap partenance à une communauté, beaucoup de personnes mobiles doivent chercher un partenaire à l'extérieur de leur environnement.

Il importe de se montrer prudent avec les agences de rencontres. Nombre d'entre elles font des promesses irréalistes qu'elles sont incapables de tenir. La déception mise à part, vous risquez de vous retrouver avec un compte en banque beaucoup plus mince qu'avant d'avoir entrepris vos démarches pour rencontrer l'âme sœur.

> *Elle mérite d'avoir un bon mari. Épousez-la donc avant qu'elle n'en trouve un...*
>
> — Oscar Levant

Pour rencontrer des partenaires potentiels, il est aujourd'hui plus acceptable de recourir aux petites annonces que cela ne l'était il y a cinq ou dix ans. Bien des gens les utilisent avec succès, y compris des membres des professions libérales, trop occupés pour conter fleurette de manière traditionnelle et qui trouvent ce moyen fort pratique pour faire des rencontres. Il peut être intéressant de consulter ces annonces. Certaines d'entre elles peuvent être des plus mystérieuses. L'une d'elles, relevée dans le très conservateur *Globe & Mail* de Toronto, se lisait comme suit :

> *J'ai une foule d'admirateurs au sens commun du terme, mais ils ne m'intéressent pas. Je suis une personne sensationnelle, jeune, sûre d'elle-même, indépendante, inaccessible. J'habite à Londres, je voyage à travers le monde et je suis égoïstement amoureuse de tout ce qui m'intéresse. Je recherche un homme prêt à m'adorer. Il est essentiel que sa situation en soit une de pouvoir et qu'il domine les autres. Il pourrait s'ajouter à ma collection de distractions. Il doit accourir chez moi sur un claquement de doigt, satisfaire mes fantasmes, mes jeux, mes règlements. Nos règlements. Notre secret.*
>
> *B.P. 2862, The Globe & Mail*

Vous pensez probablement : « Dites donc, Zelinski, que vous est-il arrivé lorsque vous avez répondu à cette créature rongée par la modestie ? » Je dois avouer que même si j'avais été intéressé par ce type d'humanoïde, je n'aurais pas répondu, car je ne prise guère les petites annonces pour célibataires. Certaines personnes ne jurent toutefois que par elles. Barbara Hammond, de Bellingham, dans l'État de Washington, était divorcée et recherchait un compagnon lorsqu'elle rencontra par hasard une dame qui s'apprêtait à épouser un homme qu'elle avait rencontré après avoir consulté les petites annonces pendant plus de dix-huit mois. Une telle réussite poussa Barbara à faire de même. Elle a même écrit un livre sur la manière de bien utiliser ce moyen de communication. Des goûts et des couleurs...

> *Je connais fort bien la différence entre un brave homme et un voyou, mais je ne peux me décider à choisir lequel j'aime le mieux.*
>
> — Mae West

Endroits raisonnables et moins raisonnables pour se rencontrer

À ce stade, vous aurez compris que si vous désirez rencontrer des gens, il faut que vous accroissiez votre visibilité. Personne ne viendra frapper à votre porte pour vous rencontrer. Plus vous vous engagerez dans des activités et plus vous aurez de chances de rencontrer quelqu'un avec qui vous pourrez vous entendre. Choisissez des activités que vous pratiquerez avec plaisir et qui ne vous donneront pas l'impression d'avoir débarqué en territoire étranger.

On n'insistera jamais assez sur le fait que pour multiplier vos chances de vous lier avec quelqu'un qui soit compatible avec vous, il est important de faire la connaissance du plus grand nombre de gens possible. Essayez de rencontrer quelqu'un de nouveau pendant votre « Journée déraisonnable ». Faites quelque chose qui sorte de l'ordinaire, qui ne soit pas raisonnable ou même, qui soit complètement fou. Soyez également déraisonnable dans votre choix de l'endroit où vous vous donnerez rendez-vous. J'ai découvert que les endroits insolites que l'on ne choisit généralement pas pour se rencontrer peuvent être en fait inoubliables. Je pense notamment aux bibliothèques, aux épiceries et aux bureaux de poste.

LES AVANTAGES DU CÉLIBAT

✓ Vous pouvez flirter avec n'importe qui, n'importe quand, n'importe où.

✓ Vous pouvez avoir une aventure sans vous sentir coupable.

Voici quelques endroits et événements, raisonnables et moins raisonnables, à considérer.

✓ Sur un bateau de croisière

✓ Dans un cours de danse

✓ Dans un édifice religieux

✓ En promenant votre chien

✓ Dans un mariage

✓ Au stade, lors d'un match

✓ Dans un magasin de musique ou d'informatique

✓ Dans une galerie de peinture, au musée, à l'opéra

✓ Au supermarché

✓ Dans une bibliothèque

✓ Dans un aéroport

✓ Dans un centre commercial

✓ Au tennis, au golf, au badminton

✓ Lors d'un rassemblement politique

✓ Dans un club de bridge

✓ Dans un club de célibataires

✓ Dans une sauterie, « pot » et événements du genre

✓ Dans un café

✓ Organisez vous-même une sauterie (et invitez-moi, j'adore !)

✓ Dans une association à but non lucratif où vous êtes bénévole

✓ Dans un avion

✓ Dans une réunion professionnelle et d'affaires

✓ Dans un cours du soir

✓ Dans un club de gastronomes.

Lorsqu'on cherche à rencontrer quelqu'un, la patience est un élément important. Choisir un environnement où l'on ne se sent pas pressé par le temps et où on ne vous incite pas à impressionner les autres augmentera vos chances de rencontrer une personne intéressante. Des études ont prouvé que dans près de 75 pour cent des cas, il est possible d'établir des relations prometteuses lorsqu'on ne ressent pas de pression pour rencontrer à tout prix un partenaire ou lorsqu'on n'a pas l'intention de faire la connaissance de qui que ce soit. Les activités et les événements sociaux qui permettent aux personnes de se rencontrer à plusieurs occasions sont propices au développement de relations valables. Les lieux de formation où l'on partage des points de vue sont favorables à la création de liens durables.

> *Lorsque vous ne voulez plus que votre petite amie traîne dans le bar où vous avez fait sa connaissance, cela signifie que vous êtes amoureux.*
>
> — Selon Gart (Bédéiste britanno-colombien)

Participez à des activités où l'on peut tisser des liens sociaux ; adhérez à un club de tennis, par exemple. Vous connaîtrez mieux les gens avec qui vous partagez les mêmes intérêts et les mêmes causes. Vous demeurerez maître de votre temps, ce qui vous permettra de décider si vous voulez poursuivre une relation avec telle ou telle personne. Moins de pressions s'exerceront sur vous que dans des cabarets ou encore dans les agences de rencontres et les petites annonces. Il est important de se montrer sincère et détendu. Lorsqu'on s'engage dans de nombreuses activités sociales où l'on rencontre beaucoup de gens, les occasions de rencontrer quelqu'un d'intéressant et de compatible semblent augmenter sensiblement.

chapitre 10

Voler en solo...
mais le plus haute possible

Trouver en soi ce qui nous aide à mieux comprendre le monde

Toute personne sans attaches peut mener une vie cohérente et satisfaisante tout en profitant des avantages et des plaisirs qu'offre le mode de vie inhérent au célibat. Pour réussir, les célibataires ont besoin d'avoir une mission ou un objectif important, un sens de la communauté fondé sur des relations étroites, beaucoup d'estime d'eux-mêmes et la capacité de vivre heureux en solitaire. L'essentiel de ce livre met l'accent sur le monde extérieur. Nous pouvons atteindre un certain degré de bonheur en nous extériorisant et trouver un certain bonheur dans la vie en jouant au tennis, en discutant avec des amis et des connaissances, en voyageant vers des destinations exotiques ou en allant à l'opéra. Toutefois, nous ne devons pas oublier les plaisirs auxquels nous pouvons avoir accès lorsque nous cultivons notre moi profond. Si nous n'avons pas cultivé notre spiritualité, le monde extérieur ne nous offre que des plaisirs occasionnels et sporadiques. Pour obtenir plus de choses du monde extérieur, nous devons nous mettre à l'écoute de notre intériorité.

Une fois les contingences matérielles satisfaites, le moi profond est probablement l'élément le plus important d'une vie qui vaut la peine d'être vécue. Dans nos sociétés matérialistes, il s'agit pourtant là d'une réalité négligée, oubliée, voire méprisée. Nombreux sont les célibataires qui cherchent à

> *Les gens dont la vie intérieure est vraiment profonde sont ceux qui s'accommodent le mieux des détails abrasifs du quotidien.* »
> — Evelyn Underhill

l'extérieur ce qui pourrait combler un vide béant au lieu de le faire simplement par la voie d'une vie intérieure riche. Les sociétés nous apprennent à valoriser les choses matérielles et à ignorer les ressources intérieures intangibles que nous possédons tous. Une vie facile semble tout bonnement se profiler à l'horizon avec une promotion au travail, et un gain à la loterie, un nouveau mari, une nouvelle femme. Certains célibataires, désespérés et tournés vers l'extérieur, tiennent tellement à se marier que, souvent, ils repoussent toute velléité de la part des personnes qui voudraient les fréquenter. Alors que les années passent, les célibataires qui se contentent de vivre seulement dans le monde extérieur trouveront de plus en plus difficile de se rapprocher d'autres célibataires et d'avoir avec eux des relations à long terme. Ils cherchent une sorte de sauveur extérieur alors que ce dernier se trouve en eux. Les célibataires orientés vers l'extérieur sont à la merci des jugements de leurs parents et de la société, ce qui limite toute occasion de croissance et de développement personnels.

Comme la plupart des religions, le taoïsme nous enseigne que nous pouvons trouver tout ce dont nous avons besoin en cherchant au plus profond de nous. En plongeant en nous-même, nous éclaircissons les choses, la vie devient plus facile pour la bonne raison que nous y gagnons en simplicité. Le taoïsme souligne que la simplicité est l'expression ultime du pouvoir personnel. Le monde intérieur est le fondement de la confiance en soi et de notre valeur intrinsèque.

Cette intériorisation peut ne pas avoir l'air aussi importante pour les adolescents et les jeunes gens dans la vingtaine, mais lorsque nous vieillissons, il s'agit d'un élément essentiel du développement personnel. On peut atteindre le moi spirituel par l'intermédiaire de niveaux de conscience beaucoup plus élevés que ceux que l'on utilise dans les sports, le monde du spectacle ou celui du travail. Les célibataires équilibrés ne sont pas à la merci du monde extérieur, parce qu'ils ont pris le temps de s'aménager un univers intérieur riche.

Les plus belles histoires d'amour sont celles que nous n'avons jamais vécues.

— Norman Lindsay

Cet univers détient la clef d'une vie remplie de joie, de satisfaction et de bonheur. En vous engageant à améliorer votre vie intérieure et à être attentif à sa voix, vous découvrirez des forces et une confiance que vous ne trouverez jamais dans le monde extérieur. Pour échapper à la solitude et au désespoir, développez votre spiritualité. Le développement personnel peut sembler mystérieux, mais il est aussi merveilleux et fascinant. Notre remise en question et notre croissance peuvent déboucher sur une détermination personnelle dont le corollaire est une plus grande liberté. Pour découvrir plus de choses à l'extérieur, il importe que vous regardiez à l'intérieur de vous.

Pour ceux et celles qui sont suffisamment patients pour attendre l'âme sœur

Ce n'est qu'en développant votre monde spirituel que vous parviendrez à voler en solo à des hauteurs vertigineuses. Dès que nous avons développé notre monde intérieur, il est probable que quelqu'un se trouvant dans les mêmes dispositions sera enclin à ressentir une certaine attraction pour nous. En effet, les personnes semblables ont une tendance à s'attirer. Lorsque vous êtes en harmonie avec votre moi profond, vous dégagez pour les autres une certaine mystique qui est le fruit de votre paix intérieure et de l'objectif quotidien que vous vous proposez. Les célibataires en accord avec ces qualités se reconnaîtront en vous. Vous les attirerez parce qu'ils se sentiront à l'aise avec quelqu'un qui ne s'accroche pas à eux, ne les étouffe pas, bref, ne joue pas les pots de colle.

De nombreux célibataires optimistes sont persuadés que les relations entre âmes sœurs sont fondées sur des niveaux analogues d'une sorte de conscience supérieure. De telles relations offrent davantage d'occasions que les relations dites « normales », qui dominent dans les sociétés occidentales. Les relations entre âmes sœurs ne sont pas fondées sur des caractéristiques externes ou superficielles telles que les classes sociales, le niveau de revenu, l'éducation, l'origine ethnique ou la religion. Les caractéristiques des relations entre âmes sœurs sont des valeurs personnelles comme la gentillesse, le respect, la sincérité, l'intégrité et le courage. Les âmes sœurs

> *Ne vous fiez pas à ceux qui vous aiment exagérément alors qu'ils n'ont aucune raison valable de le faire et qu'ils ne vous connaissent que très peu.*
>
> — Lord Chesterfield

veulent obtenir les mêmes choses de la vie et se trouvent à des niveaux de croissance personnelle et de conscience assez similaires.

Deux de mes amis intimes, Howard et Dobra, entretiennent des relations dignes de véritables âmes sœurs. Mariés depuis six ans, ils font preuve de la même affection mutuelle que lorsqu'ils avaient commencé à se fréquenter. Je n'ai jamais été témoin de relations semblables aux leurs, bien que je sois persuadé qu'il en existe des milliers et que l'on se demande pourquoi de telles symbioses ne sont pas plus fréquentes. Je n'ai pas de réponse à cela. Peut-être cet état de grâce dépend-il des efforts, de l'énergie, de l'engagement et de la patience que nous sommes prêts à investir pour le concrétiser.

> *Ceux qui attendent le plus longtemps ont les meilleures chances de gagner.*
> — Helen Hunt Jackson

Les « spécialistes » qui écrivent sur les affinités sentimentales soutiennent que si la personne de votre vie doit faire son apparition, elle le fera lorsque vous serez en mesure de l'accueillir. Votre niveau de conscience et de croissance personnelle déterminera l'heure H. Vous ne pouvez pas, de toute évidence partir désespérément à la recherche de l'âme sœur à travers New York, Paris, Knocke-le-Zoute ou Sainte-Étrette-de-l'Épouvante. La croissance personnelle est un moment de préparation, un prélude à la découverte de l'être d'élection. Pendant que vous l'attendez, vous devez apprendre à vous détendre et à apprécier la vie. Il faut cependant vous garder d'attendre tranquillement chez vous qu'on vienne vous découvrir. Vous devez sortir de chez vous et prendre le temps de pratiquer des activités stimulantes qui contribuent à votre croissance personnelle et à une prise de conscience plus élaborée.

Les relations entre âmes sœurs sont joyeuses, gratifiantes et constructives. Toutefois, de telles relations ne sont pas exemptes de difficultés. Même avec quelqu'un qui vibre au même diapason que vous, des sentiments de crainte reliés au rejet, à la vulnérabilité et aux rapports intimes peuvent faire surface en bout de piste. La relation entre âmes sœurs ne constitue pas une relation parfaite avec un partenaire parfait, et ce, même si elle représente un état beaucoup plus constructif qu'un compromis boiteux ou encore des relations fondées principalement sur des facteurs superficiels comme posséder beaucoup d'argent, aimer les mêmes sports ou la danse.

Si vous établissez une relation entre âmes sœurs, vous la reconnaîtrez dans le fait qu'il s'agit d'une relation où votre partenaire représente des possibilités plutôt que des limites. Trouver le bon partenaire ou l'âme sœur dépend de votre capacité à esquisser un portrait clair de vos sentiments et de vos attentes. Avec une âme sœur, vous n'aliénez pas votre liberté : vous gagnez même davantage de liberté pour vivre et vous épanouir.

> *Peu importe nos qualifications ou notre mérite, nous ne mènerons jamais une meilleure vie à moins que nous puissions l'imaginer par nous-même et ainsi nous l'approprier.*
>
> — Richard Bach

Ce qu'il faut pour devenir un célibataire dynamique

Les célibataires dynamiques estiment qu'il vaut mieux attendre une âme sœur qui ne viendra jamais que de s'empêtrer dans un compromis moins que satisfaisant. Les célibataires dynamiques peuvent se payer le luxe d'attendre une âme sœur qui ne viendra peut-être jamais parce que leur célibat est plus satisfaisant et plus gratifiant que bien des mariages. Ils savent comment profiter de la vie en attendant. Les célibataires équilibrés savent comment se créer un mode de vie agréable leur permettant d'être heureux. Lorsque l'être de rêve fait son apparition, ils s'en réjouissent. S'il leur fait faux bond, ils n'en font pas une maladie. Si cet être ne se concrétise pas dans cette vie-ci, ils ne s'en formalisent pas, puisqu'ils sont déjà plus heureux que la majorité des gens mariés. Les célibataires dynamiques se soucient beaucoup de leur croissance personnelle. Ils volent en solo à une altitude plus élevée que les autres parce qu'ils ont réussi ou sont en passe de réussir à développer les traits de caractère suivants.

Les célibataires dynamiques sont différents des autres et ne craignent pas de se distinguer de la foule. Ces personnes bien équilibrées ne passent pas leur temps à essayer de s'intégrer au reste de la société et ne cherchent pas nécessairement l'approbation de tout un chacun. Elles n'ont aucun problème à se montrer différentes des autres. Que ce soit au travail ou dans leurs loisirs, elles se soucient peu de ce que les autres pensent d'elles. Elles ne laissent pas la société leur dicter comment elles devraient se comporter et ne perdent pas leur temps en papotages, par simple politesse.

La conformité est quelque chose de sinistre pour les célibataires créatifs, car elle entre en conflit avec leur capacité à faire quelque chose de neuf et de gratifiant. En ne recherchant pas l'approbation de Pierre, Jean et Jacques, les célibataires dynamiques bénéficient de plus de liberté et de souplesse pour poursuivre un genre de vie qui leur permet de se développer sur le plan personnel et d'en tirer satisfaction. Étant donné qu'ils n'ont aucune objection à se montrer différents, les célibataires équilibrés ne suivent pas la horde moutonnière et n'obéissent pas à toutes les nouvelles modes.

> *Mieux vaut être un lion pendant une seule journée qu'être un mouton toute son existence.*
>
> — Sœur Elizabeth Kenny

Les célibataires dynamiques possèdent un sens de l'humour aigu qui contribue à leur conférer un magnétisme presque magique. S'ils ne possédaient pas cette qualité au départ, ils ont appris à la cultiver, car l'humour est une valeur qui leur permet de surmonter les difficultés, d'affronter l'adversité et de régler bien des problèmes, qu'ils soient mineurs ou de taille. Leur capacité à s'amuser et à jouir de l'instant leur fait apprécier la vie au maximum et les aide à récupérer rapidement lors des passages à vide qui tendent à immobiliser les autres.

Les célibataires dynamiques savent rire de leurs problèmes. Ils ne se prennent pas au sérieux, pas plus d'ailleurs que le reste du monde. Ils peuvent faire les pitres pour leur simple plaisir et réalisent combien il est important de retrouver ce même sens de l'humour chez un partenaire éventuel. Ils savent en effet à quel point cela est important pour une compagne ou un compagnon potentiel.

Les célibataires dynamiques affectionnent la solitude, car ils connaissent la valeur que représente le fait de pouvoir vivre seul. La solitude est pour eux une parenthèse consacrée à la réflexion et à la découverte de soi. Tout comme beaucoup de poètes, de philosophes et d'artistes, les célibataires dynamiques vivent leurs expériences les plus intenses lorsqu'ils sont seuls. Ils sont peut-être solitaires mais certainement pas esseulés, car les avantages de la solitude leur permettent de planer naturellement, ce qui constitue pour eux une expérience spirituelle.

Afin de partir à la découverte d'eux-mêmes, certains célibataires dynamiques recherchent parfois volontairement la solitude pendant plusieurs jours, voire plusieurs semaines. Il s'agit là d'un moyen d'effectuer leur introspection et de découvrir ce qu'ils veulent vraiment et non point ce que les autres attendent d'eux. Cette retraite leur permet également de mettre de l'ordre dans leurs idées et de rectifier leur attitude à l'égard de l'existence. Les célibataires dynamiques se sentent rarement abandonnés, car ils savent comment surmonter la solitude dès qu'elle se manifeste. Ils l'utilisent pour améliorer leur univers personnel, car ils sont très jaloux de leur intimité.

Les célibataires dynamiques sont de nature très indépendante et épris de liberté. Ils sont confiants dans leurs propres capacités et savent ce qui a de l'importance à leurs yeux. Même s'ils peuvent être très sensibles et très affectueux, les célibataires bien équilibrés recherchent une relation capable d'assurer leur indépendance ainsi que celle de leurs partenaires. Ils savent qu'une relation de couple, dont chaque membre est indépendant, est supérieure à une relation où l'un des partenaires dépend fortement de l'autre.

> *Nul oiseau ne vole trop haut tant que ses ailes le portent au firmament.*
>
> — William Blake

Les célibataires dépendants et en mal d'affection trouvent difficile d'aimer un tant soi peu les célibataires dynamiques parce que ces derniers sont intransigeants dès qu'il s'agit de leur indépendance. Ils refusent de dépendre d'un partenaire et n'acceptent pas davantage que leur partenaire dépende d'eux parce que de telles relations relèvent de l'exploitation et dénotent un mode de vie malsain. Lorsque quelqu'un commence à s'accrocher à un célibataire dynamique, ce dernier effectue une manœuvre de recul et, éventuellement, trouve son salut dans la fuite. Vous ne trouverez guère de célibataire vraiment dynamique essayant de se disperser dans différentes relations amoureuses ou amicales, car, pour eux, la qualité supplante toujours la quantité.

Les célibataires dynamiques ont une soif de vivre peu commune. Ces personnes enthousiastes dégagent ce que le juge et écrivain québécois Luc Mercier a été le premier à définir comme étant le « Goût du bonheur » ; elles n'ont pas à s'appuyer sur des influences extérieures pour s'enthousiasmer. Les célibataires bien équilibrés sont capables de trouver plaisir à regarder la télévision, à participer à des sauteries, à prendre un verre dans les boîtes de nuit et les estaminets, mais d'habitude ils ne perdent pas leur temps à pratiquer frénétiquement ce genre de loisirs. Ils préfèrent s'occuper à des activités plus gratifiantes à côté desquelles des célibataires plus apathiques passent allègrement sans les remarquer.

Les célibataires dynamiques savent comment savourer l'instant présent. Sachant pertinemment qu'ils risquent de vivre leur célibat pendant un certain temps, ils ne gaspillent pas cette période de leur existence en jérémiades et en prières pour que leur situation change. Les célibataires bien équilibrés n'attendent pas qu'un conjoint éventuel fasse des miracles pour leur régler tous leurs problèmes. En vivant ici et maintenant, ils se gardent de regretter le passé et de se faire du mauvais sang pour l'avenir.

Les célibataires dynamiques n'ont pas une mentalité de victime. Pour eux, l'un des grands mystères de l'existence consiste à savoir pourquoi si peu de gens sont prêts à assumer la responsabilité de leurs actes. Ils connaissent les dangers d'une telle mentalité, car ils savent que ceux et celles qui en sont affectés ne s'en libèrent jamais. Les gens aux prises avec une mentalité de victime s'arrangeront toujours pour en devenir une afin de pouvoir justifier leurs fausses convictions.

LES AVANTAGES
DU CÉLIBAT

✓ Vous ne devez
d'explications à
personne lorsque
vous sortez.

✓ Vous pouvez prendre
des vacances où bon
vous semble.

Les célibataires dynamiques sont des gens véritablement libérés parce qu'ils connaissent toutes les discriminations dont ils peuvent être victimes, ainsi que les autres embûches qui les guettent. Malgré tout cela, ils ont décidé de faire fonctionner leur vie en faisant appel à leur créativité. Les célibataires dynamiques savent fort bien que pour se libérer il leur faut faire preuve d'efforts purement personnels et de persévérance. Ils manifestent une attitude positive face à la vie, investissent leur énergie dans la création d'occasions qui leur permettent de vivre des événements comportant des risques et de la nouveauté, de contribuer au développement de leur communauté et de tirer satisfaction de tout cet ensemble. Le bonheur est un choix et non quelque fatalité sur laquelle ils n'ont aucune prise.

Les célibataires dynamiques savent comment traiter les échecs et le rejet. Contrairement à la majorité des membres de la société, ils savent comment perdre ; pour les célibataires équilibrés, l'échec est un carburant de la réussite, car, avant de réussir en amour ou dans la vie, ils devront parfois subir bien des coups du sort. Ce n'est qu'après avoir essuyé bien des échecs que le succès frappera à leur porte.

Les célibataires bien équilibrés sont capables de se faire rejeter par les autres. Lorsqu'ils rencontrent quelqu'un qui leur semble intéressant, voire cher à leur cœur, ils font tout ce qui est possible pour que cette personne le sache. Lorsqu'ils rencontrent des gens, ils peuvent passer par toute une gamme d'émotions et éprouver de la joie, de l'affection, de la frustration, de la douleur, du trouble, du respect humain et même de la colère. De plus, ils ne craignent pas d'afficher leurs émotions.

Les célibataires dynamiques sont des aventuriers dans le bon sens du terme. Ils aiment explorer le monde qui les entoure, visiter des pays étrangers, faire de nouvelles rencontres et découvrir des choses inconnues. Même s'ils n'aiment guère prendre des risques inutiles, ils essaient de se livrer à des activités qui comportent des éléments de danger. De nature plutôt curieuse et ne se sentant guère menacés par l'inconnu, les célibataires dynamiques veulent mieux vivre chaque instant de leur vie. Toujours à la recherche d'expériences nouvelles avec lesquelles ils ne se sont pas encore familiarisés, ils ont des occasions illimitées de faire des choses, de penser, de vivre des sentiments, de rire et, en fin de compte, de *vivre*.

Voler en solo à des altitudes que les autres n'imaginent même pas

J'ai découvert que certaines personnes consultent mes livres pour les mauvaises raisons et j'espère que vous ne commettrez pas la même erreur. Thomas Carlyle (1785-1881) a dit : « Le meilleur effet de tout livre est d'inciter le lecteur à agir. » J'espère simplement que le présent ouvrage vous ouvrira de nouvelles perspectives. C'est maintenant qu'il vous faut choisir tout ce que vous considérez comme étant important dans votre vie et poursuivre votre itinéraire. J'espère que vous serez motivé à court terme de sorte que votre vie s'en trouve facilitée à long terme. Comme vous le savez maintenant, vivre en célibataire dans un monde qui tient mordicus à ce que vous viviez en couple est loin d'être facile. Toutefois, en suivant les conseils de ce livre, il n'est pas compliqué – du moins pendant que vous n'avez pas de fil à la patte – de vous organiser une vie qui comporte des récompenses.

Les bouquins de Zelinski m'ont incité à quitter un bon emploi, à mettre un terme à un mariage somme toute acceptable et à changer à un point tel que même ma mère ne peut plus me supporter. Je suis devenu le prototype du raté parfaitement réussi !

Vivre le bonheur du célibat est une façon d'aborder la vie. Souvenez-vous que le mariage est loin d'être une panacée à la solitude et au découragement. Pour guérir ces maux, il faut apprendre à bien vivre son célibat. Aucun partenaire ne peut vous garantir le bonheur. Vous n'avez pas besoin de quelqu'un d'autre pour faire de vous un tout et donner un sens à votre existence. Au lieu de chercher des raisons pour dire que vous n'y arriverez jamais sans partenaire, il vous faut créer des raisons qui prouvent exactement le contraire.

Être célibataire n'est ni mieux ni pire qu'être marié ou vivre en couple. Le célibat est un état différent sur les plans de l'expérience et de l'harmonisation. Tout comme la vie en couple, il comporte des défis et des occasions d'épanouissement. Être célibataire vous permet de vivre votre vie d'une manière unique et très différente des personnes qui vivent en couple.

Vouloir se marier pour être heureux, satisfait, en sécurité et pour avoir l'impression de se réaliser signifie que l'on recherche à l'extérieur quelque chose que l'on peut seulement trouver à l'intérieur de soi. Si on perd le contact avec son moi supérieur, on finit par sombrer dans le désespoir et la dépression lorsqu'on avance en âge. Vous êtes en fin de compte responsable de vos émotions, de vos actions, de votre but ultime et de votre situation. Pour s'extirper de la solitude et surmonter le découragement et le rejet, il faut être à l'écoute de son monde intérieur. Prendre la responsabilité de développer son moi spirituel peut nous faire progresser en créant les conditions nécessaires pour mener une vie heureuse et bien remplie.

Apprenez à apprécier les petits bonheurs de la vie, car les grands ne se manifestent pas souvent...

— Andy Rooney

Si vous êtes comme la plupart des célibataires, vous avez probablement assez de loisirs pour réaliser des choses en solo ou avec d'autres personnes. Votre qualité de vie dépendra grandement de la façon dont vous utiliserez ces moments libres. En étant seul maître à bord, vous pouvez choisir la façon dont vos loisirs refléteront votre personnalité et votre individualité. Vous pouvez choisir votre propre emploi du temps sans avoir à tenir compte des goûts d'autrui. En utilisant vos heures de loisirs avec sagesse, tout en franchissant les différentes étapes de la vie, vous continuerez à grandir et à apprendre. Dans votre recherche d'affection et d'objectifs, n'oubliez pas les petits plaisirs de la vie. Si l'ennui et la solitude vous pèsent, vous pouvez toujours :

✓ Aller au café et regarder les gens.

✓ Avoir une conversation amicale avec un enfant de six ans.

✓ Faire une promenade de deux heures dans un parc.

✓ Faire la sieste.

✓ Faire quelque chose de déraisonnable.

✓ Organiser une sauterie et inviter des gens intéressants.

✓ Marcher pieds nus dans un ruisseau.

✓ Lire Balzac ou San Antonio près d'un cours d'eau.

✓ Assister à un concert.

✓ Pratiquer un nouveau sport par simple amusement.

✓ Contempler la beauté de la nature qui vous entoure.

✓ Vous offrir des mini-vacances.

✓ Commencer à écrire un livre.

✓ Passer toute une journée dans un parc à observer les gens.

✓ Regarder jouer les enfants et les animaux de compagnie.

✓ Appeler un vieil ami que vous avez perdu de vue.

Assurez-vous de voir de nouveaux visages, de visiter de nouveaux endroits et d'être à l'écoute de nouvelles opinions. L'inconnu et l'inattendu ajouteront à votre expérience de vie.

Des activités comme la musique, le jardinage, la méditation ou une promenade dans un parc peuvent avoir une dimension spirituelle. Tentez des expériences, mais n'oubliez pas d'en tirer du plaisir.

> *Toutes les heures sont belles pour ceux et celles qui cultivent la joie dans leur cœur, mais nul moment n'est heureux ou favorable pour les âmes orphelines ou inconsolables.*
>
> — Rosalia Castro

Peu importe que des éléments négatifs semblent se liguer contre vous, ne cessez pas de générer de l'énergie créatrice afin de poursuivre votre route de façon positive. Trouvez de bonnes raisons de réaliser des choses importantes au lieu de vous abstenir de les faire.

Se débrouiller seul signifie que vous avez un grand dessein en vue, quelque chose qui vous motive, vous fait lever une demi-heure avant que votre réveille-matin ne se mette à sonner. Recherchez un emploi ou une carrière qui vous permette de bien gagner votre vie tout en faisant quelque chose qui vous passionne. Une occupation créative, où vous pouvez vous exprimer et travailler avec un objectif supérieur en vue, vous permettra de mener une vie valant la peine d'être vécue, avec ou sans partenaire.

Il est également important d'établir des relations proches et significatives. Peu de personnes peuvent demeurer solitaires et être tout de même heureuses. Pour développer un sens de la communauté, il est important d'être en contact avec de bons amis, avec les membres de sa famille et avec des connaissances. Pour nous sentir appréciés, il faut avoir le sentiment d'être aimés pour ce que nous sommes.

Toutefois si vous tenez à rencontrer quelqu'un de très cher pour l'épouser ou pour établir une relation d'âme sœur, faites ce qu'il faut pour que cet événement survienne. N'attendez surtout pas que l'on vienne vous chercher à domicile. Rendez-vous disponible pour les autres et vous vous rapprocherez de l'âme sœur que vous cherchez patiemment depuis si longtemps.

> *Ce qui appartient au passé est révolu. Le meilleur est encore à venir.*
>
> — Lucy Larcom

En attendant cet instant béni, faites tout ce qu'il faut pour profiter de la vie.

L'un des principaux avantages du célibat réside dans les nombreux intérêts et relations qui peuvent devenir des sources de stimulation. Pendant que vous attendez patiemment que le partenaire ou l'être de rêve se manifeste dans votre vie, vous pouvez profiter d'un mode de vie rehaussé par la poursuite d'une carrière intéressante et par des réalisations personnelles sur le plan des loisirs. C'est l'occasion où jamais de faire des choix et de vivre pour atteindre vos objectifs et réaliser vos rêves.

Souvenez-vous que le célibat est un luxe, car vous bénéficiez d'une liberté dont bien peu de personnes jouissent. Vous pouvez choisir quand demeurer solitaire et quand fréquenter des gens. Ne perdez pas votre temps à vous imaginer combien votre vie serait plus belle si vous fréquentiez quelqu'un, si vous aviez plus d'argent ou une meilleure situation. L'importance de l'instant présent devrait être aussi claire pour vous que l'est l'instant de vérité pour un maître zen. Si vous retardez le moment de vivre votre vie, celle-ci risque de vous échapper. Le moment de vivre se situe dans le présent.

Être célibataire vous assure le luxe de faire ce que vous voulez, quand vous le voulez, avec qui vous voulez. Vous célébrez votre individualité et vous vous alignez sur ce que vous voulez vraiment être, et non sur ce que d'autres personnes voudraient que vous soyez. La liberté est pour vous un trésor et c'est vous qui fixez les critères de votre qualité de vie. Le célibat est un temps propice pour découvrir par vous-même que vous êtes beaucoup plus unique que ce que la société prétend. En réalisant votre moi supérieur, vous deviendrez une personne plus créatrice et plus dynamique. Richesse et qualité feront de votre vie quelque chose de beau.

Une fois de plus, être célibataire n'est pas facile. La moitié du combat consiste à réformer votre attitude et à concentrer votre énergie de manière à apprécier les gens et les événements qui enrichissent votre existence. Le but de la vie est de vivre le plus intensément possible. Votre épanouissement personnel dépend de votre attitude, de votre courage, de votre patience, de votre persévérance et de vos efforts assidus. Avec de tels atouts en main, et particulièrement grâce à une attitude saine et à des efforts soutenus, être célibataire n'a rien de bien compliqué.

> *La vie n'est-elle pas cent fois trop courte pour que nous la vivions dans l'ennui ?*
> — Friedrich Nietzsche

Pour vivre un célibat heureux, la règle d'or consiste tout d'abord à nous aimer nous-même et à être bien dans sa peau. Vous devez demeurer fidèle à ce que vous êtes et vous traiter aussi bien que vous traiteriez vos amis les plus chers, votre amant, votre maîtresse. Avant tout, il faut que vous entreteniez une relation amoureuse avec vous-même. Souvenez-vous qu'avant de pouvoir vraiment bien vivre avec quelqu'un, vous devez d'abord vivre avec vous-même. En tant que célibataire dynamique, vous êtes libre de voler en solo à des altitudes que la plupart des gens qui ne sont pas libres n'imaginent même pas.

Le paradoxe de la vie facile

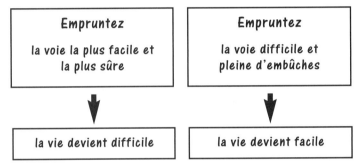

Empruntez	Empruntez
la voie la plus facile et la plus sûre	la voie difficile et pleine d'embûches
↓	↓
la vie devient difficile	la vie devient facile

Le paradoxe de la vie facile nous enseigne que lorsque nous prenons la voie la plus facile et la mieux aplanie la vie se révèle en fin de compte plus difficile. Quatre-vingt-dix pour cent d'entre nous choisissent cette route parce que le confort à court terme constitue une option très attirante. L'autre option qui se présente à nous est de choisir la route difficile et raboteuse. Paradoxalement, lorsque nous faisons cela, la vie devient plus facile. Les gens qui prennent cette route savent qu'ils doivent vivre des choses inconfortables à court terme afin de marquer des points à long terme.

Le paradoxe de la vie facile s'applique pratiquement à toutes les facettes de notre existence. Ainsi, pour être en bonne santé et en excellente forme, il faut que vous fassiez régulièrement et résolument des exercices et, comme chacun sait, ce n'est ni facile ni confortable. Si vous choisissez la voie facile en vous avachissant devant la télé, votre forme en pâtira et votre santé aussi. Votre amour-propre en prendra aussi pour son grade et votre vie finira par se révéler difficile. Voici un autre exemple mettant en cause des adolescents. Après avoir relevé mes remarques sur le paradoxe de la vie facile dans *La joie de ne pas travailler*, une New-Yorkaise, Lynn Tillon, m'a écrit :

« J'enseigne à des mineurs délinquants au sein d'un organisme public de la ville de New York. J'ai tiré des photocopies du " paradoxe de la vie facile ". Le sujet a retenu l'attention de mes élèves qui m'ont fait des remarques très pertinentes. Par exemple, ils m'ont surpris en me soulignant comment l'argent facilement gagné en vendant des stupéfiants entraîne toutes sortes de difficultés familiales ainsi que des situations dangereuses, sans parler de la prison et de la mort. Si moi-même j'avais essayé de leur faire remarquer ces choses, ils m'auraient certainement dit que je faisais du prêchi-prêcha. »

Le problème est qu'en choisissant la voie la mieux aplanie, c'est votre vie qui devient cahoteuse à la longue. Le plus grand obstacle à la réussite est la peur de l'inconfort qui résulte des gestes nécessaires que nous devons accomplir pour atteindre nos objectifs. Nous suivons la voie de la facilité parce que nous recherchons le confort à tout prix, mais il ne faut pas oublier que les chemins où l'on circule le plus sont ceux qui ont le plus d'ornières. Or, comme chacun sait, la différence entre une ornière et une tombe est une question de dimensions. Pour réussir dans la vie, il y a des moments où il importe de choisir des choses difficiles. C'est seulement lorsque vous aurez réussi à atteindre vos objectifs principaux que votre vie deviendra vraiment plus facile et plus confortable.